ВОНТОН КУВАР

100 укусних рецепата и техника за овладавање уметношħу прављења вонтона

Маринко Сумениħ

Ауторски материјал ©202 3

Сва права задржана

Без одговарајуће писмене сагласности издавача и власника ауторских права, његова књига се не може користити или дистрибуирати на било који начин, облик или форму, осим кратких цитата који се користе у рецензији. Ову књигу не треба сматрати заменом за медицинске, правне или друге стручне савете.

ПРЕГЛЕД САДРЖАЈА

3

УВОД

Добродошли у Вонтон Цоокбоок, где истражујемо укусни свет кинеске кухиње кроз сочиво овог омиљеног јела. Вонтони су мали пакетићи налик кнедлама који су пуњени разним укусним састојцима и традиционално се служе у мирисном бујону. Они су основни производ у кинеској кухињи и постали су популарни широм света због својих јединствених укуса и текстура.

У овој куварици водићемо вас на кулинарско путовање кроз различите стилове вонтона, од класичне свињетине и шкампа до вегетаријанских варијанти и десерта. Даћемо упутства корак по корак о томе како да направите сопствене Вонтон омоте и пуњења, као и савете за њихово кување и сервирање. Било да сте искусан кувар или почетник у кухињи, у овој куварици има понешто за свакога.

ДОРУЧАК

1. Слатко-кисели вафлани шкампи Вонтонс

ПРИНОС: Прави 16 вонтона

САСТОЈЦИ

- 8 унци кувaних и охлађених шкампа (31-40 или 41-50), огуљених, уклоњених репова
- 1 велико беланце, лагано умућено
- $\frac{1}{4}$ шоље ситно сецканог младог лука, и зелених и белих делова
- 1 чешањ белог лука, млевен
- 2 кашичице светло браон шећера
- 2 кашичице дестилованог белог сирћета
- $\frac{1}{2}$ кашичице нарeнданог или млевеног свежег ђумбира
- $\frac{3}{4}$ кашичице соли
- $\frac{1}{2}$ кашичице свеже млевеног црног бибера
- 1 пакет вонтон омота (најмање 32 омота), око $3\frac{1}{2}$ инча по страни
- Нелепљиви спреј за кување
- Сос од ђумбира и сусама (рецепт следи)

1 Шкампе ситно исецкајте тако да буду готово пасте. Ако желите да користите процесор за храну, пола туцета брзих импулса би требало да постигне ово. Ставите сецкане шкампе у посуду средње величине.

2 У шкампи додајте беланце, млади лук, бели лук, шећер, сирће, ђумбир, со и бибер, промешајте да се добро измеша и оставите са стране.

3 Претходно загрејте пеглу за вафле. Загрејте рерну на најнижем нивоу.

4 Да бисте формирали кнедле, уклоните омот од вонтона из паковања. Користећи четку за пециво или чисти прст, навлажите све 4 ивице омота. Ставите оскудну кашику мешавине шкампа у средину и на врх ставите још један вонтон омот. Притисните дуж ивица да бисте запечатили. Вода треба да делује као лепак. Ако нађете место које се не лепи, додајте још мало воде. Готов вонтон одложите, покријте парним пешкиром, а остатак обликујте.

5 Премажите обе стране решетке гвожђа за вафле нелепљивим спрејом. Поставите онолико вонтона на пеглу за вафле колико ће удобно стати и затворите поклопац. Кувајте 2 минута пре провере. Вонтон омот би требало да изгуби своју провидност, а трагови вафла треба да буду тамно златно смеђе боје. Ово може да потраје до 4 минута. Извадите куване вонтоне и држите их на топлом у рерни док се остали кувају.

6   Послужите вонтоне са сосом од ђумбира и сусама.

2. Бацон и Егг Вонтонс

САСТОЈЦИ

12 вонтон омотача

6 кришки сланине, куване и измрвљене

6 јаја, умућена

Сол и бибер по укусу

Сецкани зелени лук за украс

Упутства:

Загрејте рерну на 350 ° Ф.

Попрскајте калуп за мафине спрејом за кување који се не лепи.

Притисните вонтон омот у сваку шољицу за мафине.

Сваку вонтон шољу напуните умућеним јајима и сланином.

Зачините сољу и бибером.

Пеците 15-20 минута, док вонтони не постану хрскави и златно смеђе.

Украсите сецканим зеленим луком и послужите.

3. Вонтон Куицхе Цупс

САСТОЈЦИ

12 вонтон омотача
4 јаја
1/2 шоље млека
1/2 шоље исецканог цхеддар сира
Сол и бибер по укусу
Сецкани свеж першун за украс
Упутства:

Загрејте рерну на 375 ° Ф.

Попрскајте калуп за мафине спрејом за кување који се не лепи.

Притисните вонтон омот у сваку шољицу за мафине.

У чинији умутите јаја и млеко.

Умешајте исецкани чедар сир и зачините сољу и бибером.

Сипајте мешавину јаја у вонтон шоље.

Пеците 15-20 минута, док шоље за киш не напухну и не постану златно смеђе.

Украсите сецканим свежим першуном и послужите.

4. Банана Нутелла Вонтонс

САСТОЈЦИ

12 вонтон омотача
1 банана, нарезана
1/4 шоље Нутелле
Шећер у праху за украс
Упутства:

Загрејте рерну на 350 ° Ф.

Положите вонтон омоте на равну површину.

Распоредите малу количину Нутеле у средину сваког омотача.

На врх ставите парче банане.

Пресавијте вонтон омотач на пола дијагонално и притисните ивице да бисте запечатили.

Ставите вонтоне на плех обложен папиром за печење.

Пеците 8-10 минута, док вонтони не постану хрскави и златно смеђе.

Поспите шећером у праху и послужите.

5. Вонтон Бреакфаст Тацос

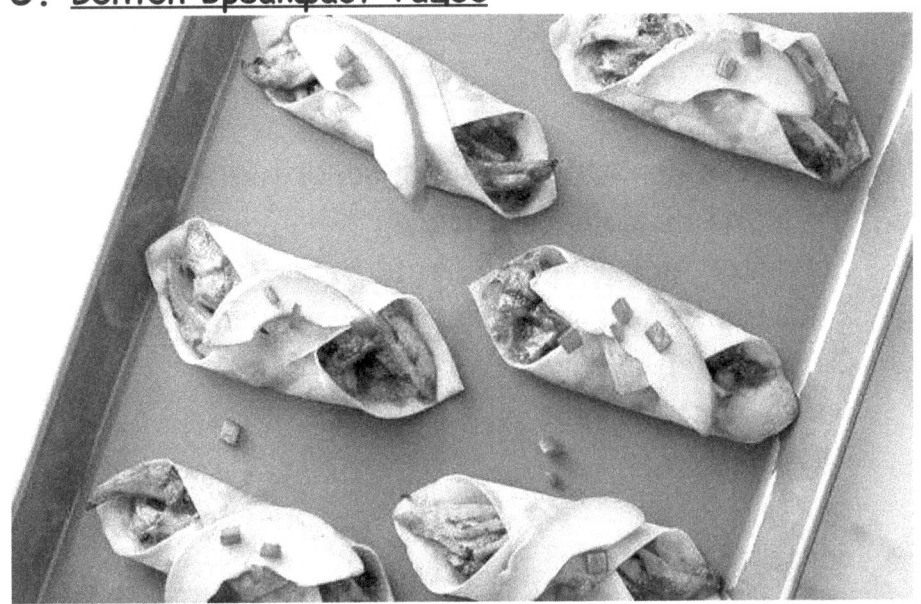

САСТОЈЦИ

12 вонтон омотача
6 јаја, умућена
1/2 шоље црног пасуља, испраног и оцеђеног
1/4 шоље исецканог цхеддар сира
1 авокадо, исечен на коцкице
2 кашике сецканог свежег коријандера
Сол и бибер по укусу
Салса за сервирање
Упутства:

Загрејте рерну на 375 ° Ф.

Попрскајте калуп за мафине спрејом за кување који се не лепи.

Притисните вонтон омот у сваку шољицу за мафине.

Напуните сваку вонтон шољу умућеним јајима, црним пасуљем и исецканим чедар сиром.

Зачините сољу и бибером.

Пеците 15-20 минута, док вонтони не постану хрскави и златно смеђе.

Сваку шољицу вотона ставите на коцкице авокада и сецканог свежег коријандра.

Послужите уз салсу.

6. Вонтон француски тост

САСТОЈЦИ

12 вонтон омотача
2 јаја
1/2 шоље млека
1 кашичица екстракта ваниле
1/2 кашичице млевеног цимета
1/4 кашичице млевеног мушкатног орашчића
2 кашике несланог путера
Шећер у праху и јаворов сируп за сервирање
Упутства:

У плиткој посуди умутите јаја, млеко, екстракт ваниле, млевени цимет и млевени мушкатни орашчић.
2. Растопите путер у нелепљивом тигању на средњој ватри.

Умочите сваки вонтон омотач у мешавину јаја, пазећи да обложите обе стране.

Ставите вонтон омоте у тигањ и кувајте до златно смеђе боје, око 1-2 минута по страни.

Послужите вонтон француски тост врућ, посут шећером у праху и преливен јаворовим сирупом.

7. Вонтони за кобасице и сир

САСТОЈЦИ

12 вонтон омотача
1/2 фунте кобасица за доручак, кувана и измрвљена
1/2 шоље исецканог цхеддар сира
2 зелена лука, сецкана
Сол и бибер по укусу
Упутства:

Загрејте рерну на 375 ° Ф.

Попрскајте калуп за мафине спрејом за кување који се не лепи.

Притисните вонтон омот у сваку шољицу за мафине.

Сваку вонтон шољу напуните куваном кобасицом и исецканим чедар сиром.

Зачините сољу и бибером.

Пеците 15-20 минута, док вонтони не постану хрскави и златно смеђе.

Сваку вонтон шољу прелијте сецканим зеленим луком и послужите.

8. Вонтон Бреакфаст Пица

САСТОЈЦИ

12 вонтон омотача
1/2 шоље соса за пицу
1/2 шоље исецканог моцарела сира
4 кришке сланине, куване и измрвљене
4 јаја, пржена
Сол и бибер по укусу
Сецкани свеж першун за украс
Упутства:

Загрејте рерну на 375 ° Ф.

Попрскајте лим за печење непријањајућим спрејом за кување.

Положите вонтон омоте на лим за печење.

На сваки омотач намажите малу количину соса за пицу.

По врху поспите сецкани сир моцарела.

На врх ставите кувану сланину и пржено јаје.

Зачините сољу и бибером.

Пеците 10-12 минута, док се сир не растопи и не запече.

Украсите сецканим свежим першуном и послужите.

9. Вонтон Бреакфаст штрудле

САСТОЈЦИ

12 вонтон омотача
4 унце крем сира, омекшаног
1/4 шоље џема од јагода
1 јаје, умућено
1 кашика воде
Шећер у праху за украс
Упутства:

Загрејте рерну на 375 ° Ф.

У малој чинији помешајте крем сир и џем од јагода.

Положите вонтон омоте на равну површину.

Кашиком нанесите малу количину мешавине крем сира на сваки омот.

Пресавијте вонтон омотач на пола дијагонално и притисните ивице да бисте запечатили.

У посебној посуди умутите умућено јаје и воду.

Премажите вонтоне водом за прање јаја.

Пеците 15-20 минута, док вонтони не постану хрскави и златно смеђе.
Поспите шећером у праху и послужите.

10. Спанаћ и фета вонтон кишеви

САСТОЈЦИ

12 вонтон омотача
4 jaja
1/2 шоље млека
1/2 шоље измрвљених фета сира
1 шоља свежег лишћа спанаћа, сецканог
Сол и бибер по укусу
Упутства:

Загрејте рерну на 375 ° Ф.
Попрскајте калуп за мафине спрејом за кување који се не лепи.
Притисните вонтон омот у сваку шољицу за мафине.
У чинији умутите jaja и млеко.
Умешајте измрвљени фета сир и сецкане листове спанаћа.
Зачините сољу и бибером.
Сипајте мешавину jaja у вонтон шоље.
Пеците 15-20 минута, док се кишеви не стегну и не порумене на врху.

Послужите топло или на собној температури.

11. Вонтон Бреакфаст Емпанадас

САСТОЈЦИ

12 вонтон омотача
1/2 фунте кобасица за доручак, кувана и измрвљена
1/4 шоље лука исеченог на коцкице
1/4 шоље зелене паприке исечене на коцкице
1/4 шоље црвене паприке исечене на коцкице
1/4 шоље исецканог цхеддар сира
Сол и бибер по укусу
Упутства:

Загрејте рерну на 375 ° Ф.

Попрскајте лим за печење непријањајућим спрејом за кување.

У тигању динстајте лук, зелену паприку и црвену паприку док не омекшају.

Додајте кувану кобасицу у тигањ и промешајте да се сједини.

Положите вонтон омоте на равну површину.

Кашиком ставите малу количину мешавине кобасица на сваки омотач.

Одозго поспите сецкани чедар сир.

Зачините сољу и бибером.

Пресавијте вонтон омотач на пола дијагонално и притисните ивице да бисте запечатили.

Пеците 15-20 минута, док вонтони не постану хрскави и златно смеђе.
Послужите топло или на собној температури.

12. Вонтон пехари од шунке и сира

САСТОЈЦИ

12 вонтон омотача
1/2 шоље шунке исечене на коцкице
1/2 шоље исецканог цхеддар сира
2 зелена лука, сецкана
Сол и бибер по укусу
Упутства:

Загрејте рерну на 375 ° Ф.

Попрскајте калуп за мафине спрејом за кување који се не лепи.

Притисните вонтон омот у сваку шољицу за мафине.

Сваку вонтон шољу напуните шунком исеченом на коцкице и исецканим чедар сиром.

Зачините сољу и бибером.

Пеците 15-20 минута, док вонтони не постану хрскави и златно смеђе.

Сваку вонтон шољу прелијте сецканим зеленим луком и послужите.

13. <u>Залогаји од кобасица и јаја Вонтон</u>

САСТОЈЦИ

12 вонтон омотача
1/2 фунте кобасица за доручак, кувана и измрвљена
4 јаја, умућена
Сол и бибер по укусу
Упутства:
1. Загрејте рерну на 375°Ф.
2. Плех за мини мафине попрскајте спрејом за куване који се не лепи.

Сваки вонтон омотач исеците на четвртине.

У сваку шољицу за мини мафине притисните четвртину вонтон омотача.

Сваку вонтон шољу напуните куваном кобасицом и умућеним јајима.

Зачините сољу и бибером.

Пеците 12-15 минута, док вонтони не постану хрскави и златно смеђе.

Послужите топло или на собној температури.

14. Авокадо и Егг Вонтон шоље

САСТОЈЦИ

12 вонтон омотача
2 зрела авокада
4 јаја, умућена
1/4 шоље црвеног лука исеченог на коцкице
Сол и бибер по укусу
Исецкан свеж цилантро за украс
Упутства:

Загрејте рерну на 375 ° Ф.

Попрскајте калуп за мафине спрејом за кување који се не лепи.

Притисните вонтон омот у сваку шољицу за мафине.

Згњечите авокадо у чинији виљушком.

Сваку вонтон шољу напуните пасираним авокадом.

Одозго ставите умућена јаја и црвени лук исечен на коцкице.

Зачините сољу и бибером.

Пеците 15-20 минута, док вонтони не постану хрскави и златно смеђе.

Украсите сецканим свежим цилантром и послужите.

15. Вонтон Бреакфаст Бурритос

САСТОЈЦИ

12 вонтон омотача
6 јаја, умућена
1/2 шоље куваног црног пасуља
1/2 шоље парадајза исеченог на коцкице
1/2 шоље авокада исеченог на коцкице
1/4 шоље сецканог свежег цилантра
Сол и бибер по укусу
Упутства:

Загрејте рерну на 375 ° Ф.
Положите вонтон омоте на равну површину.
Сваки вонтон омот напуните умућеним јајима, црним пасуљем, парадајзом исеченим на коцкице и авокадом исеченим на коцкице.
Одозго поспите сецкани свеж цилантро.
Зачините сољу и бибером.
Пресавијте вонтон омот у облику буритоа и притисните ивице да се запечате.
Ставите вонтон бурито на плех обложен папиром за печење.
8. Пеците 12-15 минута, док вонтони не постану хрскави и златно браон боје. Послужите топло или на собној температури.

16. Вонтон шоље за поврће и сир

САСТОЈЦИ

12 вонтон омотача
1/2 шоље сецканих цветова броколија
1/2 шоље сецкане црвене паприке
1/2 шоље исецканог цхеддар сира
1/4 шоље црвеног лука исеченог на коцкице
Сол и бибер по укусу
Упутства:

Загрејте рерну на 375 ° Ф.

Попрскајте калуп за мафине спрејом за кување који се не лепи.

Притисните вонтон омот у сваку шољицу за мафине.

Сваку вонтон шољу напуните сецканим броколијем и црвеном паприком.

Поспите сецканим чедар сиром и црвеним луком сецканим на коцкице.

Зачините сољу и бибером.

Пеците 15-20 минута, док вонтони не постану хрскави и златно смеђе.

Послужите топло или на собној температури.

ГРИЗАЛИЦЕ И ПРЕЈЕЛА

17. Вонтон Самбусса

Принос: 16 пецива

Састојак
- 1 шоља смеђег сочива
- $\frac{1}{2}$ кашичице цаиенне
- 1 шоља воде
- 1 кашичица цимета
- $\frac{1}{2}$ шоље зелене паприке исечене на коцкице
- $\frac{3}{4}$ шоље ситно сецканог лука
- Сол и млевени црни бибер по укусу
- 2 чена белог лука; млевено
- 3 кашике маслиновог уља
- 8 вонтон омотача
- 2 кашичице слатке мађарске паприке
- 1 жуманце умућено са супеном кашиком
- Вода
- 1 кашичица наренданог ољуштеног свежег корена ђумбира
- 1 кашичица млевених семена коријандера
- Уље за дубоко пржење

a) Оперите сочиво и ставите да проври у води. Смањите ватру, поклопите и кувајте 45 минута. У међувремену, пропржите лук и бели лук на маслиновом уљу док лук не постане провидан. Додајте зачине и сецкане зелене паприке и динстајте поклопљено 3 минута, често мешајући. Скините посуду са ватре.
b) Када сочиво омекша, помешајте га са сотираним поврћем. Зачините сољу и бибером.

c) Прережите вонтон омоте на пола да бисте формирали правоугаонике. Поставите омот вертикално на равну површину и премажите га мешавином умућених jaja. На доњи крај једног од правоугаоника ставите заобљену кашику фила. Савијте леви доњи угао нагоре и преко фила док се не споји са десном ивицом омотача и формира троугао. Затим окрените попуњени троугао горе и поново, савијајући дуж његове горње ивице. Затим га преклопите налево по дијагонали. Наставите да савијате док не дођете до краја омота и не формирате уредан троугласти пакет.

d) Поновите овај процес са другим правоугаоницима Вонтон омотача. Дубоко пржите свако пециво до златне боје у 2 или 3 инча уља загрејаног на 360Ф. Пржене самбусе можете држати у топлој рерни док не буду све припремљене и спремне за сервирање. Самбуссе је најбоље јести вруће.

18. Цраб Рагоон

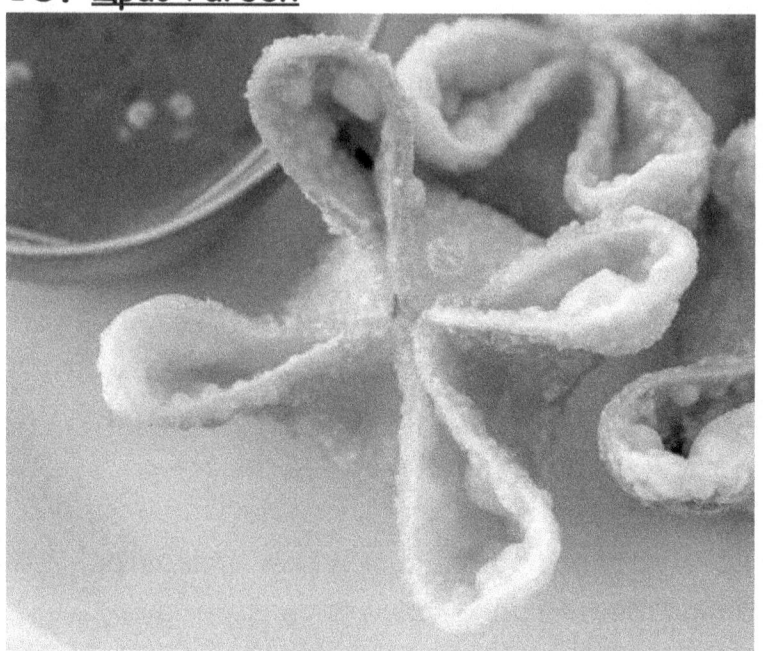

- 1 или 2 паковања (8 унци) Неуфцхател сира, омекшаног (или крем сира). Количина заснована на томе колико "сираст" желите.
- 1 конзерва (6 унци) меса ракова, оцеђена и нарезана на љуске 2 зелена лука укључујући врхове, танко нарезана
- 1 чешањ белог лука, млевен
- кашичице Ворцестерсхире соса 1/2 кашичице лаког соја соса
- 1 паковање (48 цоунт) Вонтон скинс спреј за поврће

a) Пуњење: У средњој посуди помешати све састојке осим Вонтон коже и премаза за прскање; мешати док се добро не сједини.

b) Да бисте спречили исушивање Вонтон коже, припремите један или два Рангоона одједном. Ставите 1 кашичицу фила у центар сваке вонтон коже.

c) Навлажите ивице водом; преклопите на пола да бисте формирали троугао, притискајући ивице да бисте запечатили. Повуците доње углове надоле и мало се преклапајте; навлажите један угао и притисните за заптивање. Лагано попрскајте лим за печење премазом од поврћа.

d) Распоредите Рангоон на лим и лагано попрскајте да премажете. Пеците у 425

e) Фаренхајтов степен изнад 12 до 15 минута, или док не порумени. Послужите топло уз слатко-кисели сос или сос од сенфа.

19. Топле шоље од спанаћа и артичоке

- 24 вонтон омотача
- 1 конзерва (14 оз.) срца артичоке, оцеђена, ситно исецкана
- 1 шоља КРАФТ исецканог моцарела сира
- 1 пак. (10 оз.) смрзнут сецкани спанаћ, одмрзнут, осушен
- 1/3 шоље КРАФТ Маио са мајонезом са смањеном масноћом маслиновог уља
- 1/3 шоље КРАФТ ренданог пармезана
- 1/4 шоље ситно сецкане црвене паприке
- 2 чена белог лука, млевено

a) ХЕАТ изнад два 350
b) СТАВИТЕ 1 Вонтон омот у сваку од 24 шољице за мини мафине попрскане спрејом за кување, са ивицама омота који се протежу преко врха шоље. Пеците 5 мин. У међувремену, помешајте преостале састојке.
c) ПОСТАВИТЕ мешавину артичоке у вонтон шоље.
d) ПЕЋИ 12 до 14 мин. или док се фил не загреје и ивице шољица не постану златно браон боје.

20. Италијански Вонтон Начос

Производи: 1

САСТОЈЦИ
АЛФРЕДО СОС
- 1 шоља пола и по
- 1 шоља тешке креме
- 2 кашике несланог путера
- 2 чена белог лука млевеног
- $\frac{1}{2}$ шоље пармезана
- Со и бибер
- 2 кашике брашна

НАЦХОС
- Вонтон омоти исечени на троуглове
- 1 Пилетина кувана и исецкана
- Саутеед Пепперс
- Моцарела сир
- Маслине
- Першун сецкани
- Пармезан
- Уље за пржење кикирикија или репице

УПУТСТВА
a) Додајте неслани путер у шерпу за сос и истопите на средњој ватри.

b) Мешајте бели лук док се сав путер не отопи.

c) Брзо додајте брашно и стално мешајте док се не повеже и не добије златну боју.

d) У посуди за мешање помешајте густу павлаку и пола-пола.

e) Пустите да проври, а затим смањите на тиху ватру и кувајте 8-10 минута, или док се не згусне.

f) Зачините сољу и бибером.

g) Вонтонс: Загрејте уље у великом тигању на средње јакој ватри, око ⅓ висине.

h) Додајте вонтоне један по један и загревајте до златне боје на дну, а затим окрените и пеците другу страну.

i) Ставите папирни пешкир преко одвода.

j) Загрејте рерну на 350 ° Ф и обложите лим за печење папиром за печење, а затим и вонтонима.

k) Додајте Алфредо сос, пилетину, паприке и моцарела сир на врх.

l) Ставите испод бројлера у рерну на 5-8 минута, или док се сир потпуно не отопи.

m) Извадите из рерне и прелијте маслинама, пармезаном и першуном.

21. Фриед Вегетабле Вонтонс

Чини: 16 вонтона

САСТОЈЦИ
- $\frac{1}{4}$ шоље ситно сецкане шаргарепе
- $\frac{1}{4}$ шоље ситно сецканог екстра чврстог тофуа
- $\frac{1}{4}$ шоље ситно сецканих шитаке печурака
- $\frac{1}{2}$ шоље ситно сецканог купуса
- 1 кашика млевеног белог лука
- 1 кашичица сушеног млевеног ђумбира
- $\frac{1}{4}$ кашичице белог бибера
- 2 кашичице соја соса, подељено
- 1 кашичица сусамовог уља
- 2 кашичице кромпировог или кукурузног скроба
- 16 вонтон омотача
- 1 до 2 прскања уља каноле или екстра девичанског маслиновог уља
- Зачињени сојин сос

УПУТСТВА
a) У великој посуди помешајте шаргарепу, тофу, печурке, купус, бели лук, ђумбир, бели бибер и 1 кашичицу соја соса.

b) У малој посуди помешајте преосталу 1 кашичицу соја соса, сусамово уље и кромпиров скроб. Мутите док се скроб потпуно не сједини. Прелијте тофуом и поврћем и добро сједините рукама.

c) Поставите малу посуду са водом поред радне површине да направите кнедле. Положите вонтон омотач, прстом навлажите стране водом и ставите 1 кашику фила у средину. Повуците сва 4 угла омота до врха и центра и стисните их заједно. Ставите вонтоне у корпу за фритезу. Поновите овај процес, чинећи укупно 16 вонтона. Попрскајте вонтоне уљем од каноле. Кувајте на 360 ° Φ 6 минута, протресајући на пола времена кувања.

d) Пржене вонтоне пребаците на тањир и послужите са сосом за потапање.

22. Каноли са ниским садржајем масти са сосом од малина

Израђује: 6 порција

САСТОЈЦИ
- 2 Цонтаинерс; (15 оз) немасни сир рикота
- 12 вонтона; (4 ин.) омоти
- Спреј за кување са укусом путера
- 1 кашичица кукурузног шкроба раствореног у 1 кашичице воде; (за пасту)
- 6 кашика шећера
- $\frac{1}{2}$ кашичице екстракта ваниле
- $\frac{1}{4}$ кашичице екстракта бадема
- 3 шоље свежих малина
- 2 кашике слаткиша шећера; до 4
- 2 кашичице лимунове коре
- 1 кашика исецкана; лагано тостирани ораси пистација

УПУТСТВА
a) Оцедите рикоту 6 до 8 сати

b) Загрејте рерну на 400 степени Ф. Лагано попрскајте 12 цеви канолија спрејом за кување. Почевши од углова, омотајте вонтоне око цеви. Залепите пастом или пастом од кукурузног скроба. Лагано попрскајте каноле споља. Ставите на лим за печење и пеците док не порумени и оштре, око 4 до 6 минута. Оставите да се мало охлади, а затим скините тесто са цеви. Охладите на решетки.

c) Фил: У већој чинији умутити рикоту, шећер и екстракте. Одложите или пребаците у врећу за пециво опремљену $\frac{1}{2}$-ин. звезда савет.

d) Сос: Пасирајте малине у машини за храну. Процедите пире кроз сито у чинију. Умутите шећер и лимунову корицу. (Рецепт се може припремити неколико сати унапред до ове фазе.) 5. Користећи кесу за пециво или кашичицу, убаците $\frac{1}{4}$ ц мешавине у сваку кору. Поспите крајеве сецканим пистаћима.

e) За сервирање прелијте сос од малина на тањире за десерт.

f) Ставите 2 канола на сваки тањир на сос од малина и одмах послужите.

23. Вонтон цанноли

Израђује: 4 порције

САСТОЈЦИ
24 вонтон коже
Уље од кикирикија за дубоко пржење
Грубо млевени неслани пистација
Додатни кондиторски шећер
гранчице менте

ПУЊЕЊЕ:
1 лб. ниско-масни сир Рицотта, глатки претучени
½ ц просејаног кондиторског шећера
1 кашичица чистог екстракта ваниле
⅓ ц обријане полуслатке чоколаде

УПУТСТВА
a) Загрејте уље у фритези на 375. Радите са 6 вонтон кора на сат.

b) Остатак држите добро умотан у воштани папир и прекривен благо навлаженим пешкиром. Ставите вонтон кожу на радну површину и поставите цев канолија дијагонално преко њеног центра. Ако немате цев од канолија, формирајте цев са мало алуминијумске фолије. Подигните стране коже преко цеви. Запечатите врхове који се преклапају са мало воде. Формирајте вонтон кожу око преосталих 5 епрувета. Кувајте, 2 цеви истовремено, шавом надоле у врелом уљу, 30 секунди или само док не порумене. Извадите хваталькама и оцедите на папирним убрусима. Док су школьке још вруће, лагано их гурните са цеви малом металном лопатицом и прстима.

c) Поновите са преосталом кожом и уверите се да се епрувете потпуно охладе пре него што их умотате у кожу.

Пуњење:

d) Помешајте рикоту, шећер, ванилу и чоколаду.

e) Покријте и охладите 2 сата или преко ноћи. За послуживање: кашичица пуњења у љуске канола. Кеса за пециво ће вам бити од велике помоћи или одсеците угао кесе за сендвиче и исцедите смесу из ње. Сваки крај фила умочите у пистације. Ређати на тањир за сервирање. Преко сваке просијати додатни шећер и украсити гранчицама менте.

24. Блацк Сесаме Вонтон чипс

Прави 24 чипа

12 веганских вонтон омотача
⏱Препечено сусамово уље
⏱ 1/3 шоље црног сусама
⏱ со

Загрејте рерну на 450 ° Ф. Лагано науљите плех и оставите са стране. Вонтон омоте преполовите попречно, премажите их сусамовим уљем и поређајте у једном слоју на припремљени плех.

Поспите вонтон омоте сусамом и сољу по укусу и пеците док не постану хрскаве и златно смеђе, 5 до 7 минута. Потпуно охладите пре сервирања. Најбоље их је јести на дан када се праве, али када се охладе могу се покрити и чувати на собној температури 1 до 2 дана.

25. Вруће и зачињене налепнице за лонце

Састојци

Уље од чилија кикирикија

- ½ шоље сусамовог уља
- 1 чешањ белог лука, здробљен
- 2 кашике сировог кикирикија
- 1 кашика сировог сусама
- 1 до 2 кашике млевене црвене паприке
- 1 кашичица кошер соли

Пот налепнице

- 4 кашике сусамовог уља
- 1 (1-инчни) комад свежег ђумбира, огуљен и нарендан
- 2 чена белог лука, нарендана
- 4 шоље сецканог мешаног поврћа
- 2 кашике соја соса са ниским садржајем натријума
- 2 кашике зеленог лука, сецканог
- 18 до 20 вонтон омотача
- ⅓ шоље сировог сусама

Упутства

а) Направите чили уље. У малој шерпи помешајте сусамово уље, бели лук, кикирики и семенке сусама. Ставите на средњу ватру и кувајте, мешајући, док не замирише, око 5 минута. Склоните тигањ са ватре и умешајте љуспице црвене паприке. Лагано охладите. Пребаците смешу у процесор за храну и пулсирајте док кикирики не буде фино самлевен, 30 секунди до 1 минута. Посолите и поново пулсирајте да се сједини.

b) Направите фил. Загрејте 1 кашику сусамовог уља у великом тигању на средње јакој ватри. Када уље заблиста, додајте ђумбир, бели лук и поврће и динстајте, мешајући док се поврће не скува, 5 до 10 минута. Додајте соја сос и зелени лук и кувајте док сва течност не испари, још 2 до 3 минута. Уклоните тигањ са ватре и оставите да се охлади.

c) Саставите налепнице за лонце. Положите вонтон омоте на чисту радну површину. Радећи један по један, ставите 1 кашику фила на средину. Четкајте водом око ивица, а затим преклопите омотач преко пуњења да бисте направили полумесец, стисните ивице да се запечате. Поновите са преосталим филом и омотима.

d) Ставите семенке сусама у плитку посуду. Дно налепница за лонце премажите водом, а затим их удубите у семенке сусама, притискајући да се залепе.

e) Обришите тигањ који се користи за прављење фила и загрејте преостале 3 кашике сусамовог уља на средњој ватри.

f) Радећи у серијама, када уље светлуца, додајте неколико налепница за лонце и кувајте док дно не постане светло златно смеђе, 2 до 3 минута. Сипајте $\frac{1}{4}$ шоље воде и одмах покријте тигањ поклопцем који добро пристаје. Опрез: Одмакните се; вода ће прскати! Смањите топлоту на средње ниску и кувајте налепнице за лонце док омоти не омекшају, 3 до 4 минута. Поновите са преосталим налепницама за лонце.

g) Оставите да се охлади и послужите са чили уљем за умакање.

26. Јапанске налепнице за лонце

Састојци

- Вонтон омоти од 1 унце
- 1 ½ шоље сецканог купуса
- ½ шоље. Азијски млади лук, сецкани
- ¼ шоље. Шаргарепа. Исецкан
- 1 фунта млевене свињетине
- сусамово уље
- 1 чен белог лука
- 1 бели лук, ситно исецкан
- 1 кашика соја соса
- 1 ђумбир, нарендан

Упутства

a) Помешајте свињетину, шаргарепу, купус, сусамово уље, бели лук, соја сос и ђумбир док се добро не уклопе.

b) Раширите вонтон омоте на побрашњеној платформи

c) Ставите кашику фила на средину сваког омотача

d) Навлажите омоте водом и сваки савијте у омотач

e) Подесите ивице да направите шаблон

f) У загрејано уље ставите кнедле и пржите до златне боје или кувајте у лонцу за пару

27. Цхееси Спринг Цхицкен Врапс

Сервира: 12

2 пилећа прса велике величине, кувана и исецкана
2 млада лука, сецкана
10 унци (284 г) рикота сира
1 кашика пиринчаног сирћета
1 кашика меласе
1 кашичица ренданог свежег ђумбира
¼ шоље соја соса
¹/₃ кашичице морске соли
¼ кашичице млевеног црног бибера, или више по
укусу
48 вонтон омотача
Спреј за кување

Попрскајте корпу за фритезу спрејом за кување.
Комбинујте све састојке, осим омотача, у великој
чинији. Баците да се добро измеша.
На чистој радној површини одвијте омоте, па
поделите и кашиком ставите смесу на средину омота.
Намажите мало воде на ивице омота, а затим
преклопите ивицу близу себе преко фила. Подвући
ивицу испод фила и уролати да се затвори.
Поређајте омоте у тепсију.
Ставите корпу за фритезу на тепсију и гурните је у
положај сталке 2, изаберите Аир Фри, подесите
температуру на 375°Ф (190°Ц) и подесите време на 5
минута.
Окрените омоте на пола времена кувања.
Када се кување заврши, омотачи треба да буду благо
браон боје.

Послужите одмах.

САЛАТЕ И ПРИЛОГ

28. Салата од грашка и резанаца са вонтон тракама

Састојци

- 8 oz. Поширана пилетина, танко исечена
- 8 oz. Сусам-шљива дресинг
- 16 ea. Сегменти мандарине
- 4 oz. Хрскави пиринчани резанци
- 4 oz. Цриспи Вонтон Стрипс
- 4 oz. Плави дијамант исецкани бадеми, тостирани
- 2 тсп. Црно-бело семе сусама
- 1 шоља (150 г) ољуштеног свежег грашка
- 250 грама шећерног грашка, исеченог
- 250 грама снежног грашка, исеченог
- 50 грама клица снежног грашка

Упутства

1. Ставите све састојке у посуду за мешање.
2. Мешајте састојке док се не сједине.
3. Ставите састојке у велику чинију за сервирање.
4. Ставите сегменте мандарине око салате.
5. Прелијте салату још мало хрскавих пиринчаних резанаца и вонтона.
6. Поспите Блуе Диамонд исецкане бадеме и семенке сусама преко салате
7. Украсите салату ситно исеченим снежним грашком.

29. Наслагана пилећа салата

Састојци за салату

- 1 глава Напа купуса, исечена на траке од 1/4 инча
- 1 мала главица црвеног купуса, очишћена и исецкана
- 2 велике шаргарепе, ољуштене и повезане траком
- 2 везе зеленог лука, танко исеченог
- 1 велики енглески краставац, јулиеннед
- 2 шоље куване, ољуштене Едамаме
- 2 шоље печеног кикирикија
- 4 печена или печена пилећа прса са белим луком, нарезана на коцкице
- 1 мала гомила листова цилантроа, грубо исецканих
- 2 зрела Хасс авокада, огуљена, без коштица и исечена на коцкице од 1/2 инча
- Састојци за тајландски прелив од кикирикија од лимуна и цилантро
- 1/4 црвене паприке
- 1 мала гомила листова цилантро
- 4 кашике сировог меда или чистог јаворовог шећера
- 3 кашике пиринчаног сирћета (зачињеног или незачињеног)
- 3 кашике сока од лимете
- 2 кашичице дижон сенфа
- 1/2 кашичице азијског сусамовог уља
- 1/4 кашичице млевеног свежег ђумбира
- 1/2 кашичице кошер соли
- 1/4 млевеног црног бибера
- 3 кашике кремастог природног путера од кикирикија

- 1 1/2 кашичице соја соса или тамари са смањеним садржајем натријума
- 1/4 кашичице млевених пахуљица црвене паприке
- 1/4 шоље екстра девичанског маслиновог уља или уља каноле

Састојци пилетине са белим луком

- 2 фунте пилећих прса без костију и коже
- 6 кашика маслиновог уља
- 2 кашике ситно сецканог белог лука
- 1 кашика соја соса или тамари са смањеним садржајем натријума
- 1/2 кашичице кошер соли
- Хрскави печени вонтони састојци
- 1 паковање вонтон омота или 2 унце (1 свежањ) пиринчаних штапића (фино)
- мистер за уље пуњен уљем високе температуре као што је канола или рафинисано уље од шафранике

Упутства

1. Комбинујте маслиново уље и зачине у великој врећици са зипком . Додајте пилећа прса и протресите/мућкајте док не буду добро премазане.
2. Ставите паприку и листове коријандера у блендер или радну посуду процесора за храну. Додајте преостале састојке осим маслиновог уља. Обрадите док не постане глатко, око 30 до 60 секунди. додајте маслиново уље у танком млазу .
3. Пеците пилетину на роштиљу 3 до 4 минута са сваке стране. Мало хладно.

4. Положите вонтоне преко великог подмазаног плеха. Затим попрскајте танак слој уља преко врхова свих вонтона и пеците док не порумене .

5. Ставите Напу и црвени купус, шаргарепу, млади лук, краставац и Едамаме у веома велику посуду за мешање и ставите да се мешају. Додајте пилеће коцке у посуду за мешање.

6. Додајте кикирики и авокадо исечен на коцкице непосредно пре сервирања.

7. Прелијте салату дресингом, а на врх ставите изломљене вонтон комаде. Послужите одмах.

30. Масон тегла кинеска салата од пилетине

Састојци

- ½ шоље пиринчаног винског сирћета
- 2 чена белог лука, пресована
- 1 кашика сусамовог уља
- 1 кашика свеже ренданог ђумбира
- 2 кашичице шећера, или више по укусу
- ½ кашичице соја соса са смањеним садржајем натријума
- 2 зелена лука, танко нарезана
- 1 кашичица семена сусама
- 2 шаргарепе, ољуштене и нарендане
- 2 шоље енглеског краставца исеченог на коцкице
- 2 шоље исецканог љубичастог купуса
- 12 шољица сецканог кеља
- 1 ½ шоље остатака пилетине на коцкице
- 1 шоља вонтон трака

Упутства

a) ЗА ВИНЕГРЕТ: У малој чинији умутите сирће, бели лук, сусамово уље, ђумбир, шећер и соја сос. Поделите прелив у 4 стаклене тегле са широким грлом од 32 унце са поклопцима.

b) На врх ставите зелени лук, сусам, шаргарепу, краставац, купус, кељ и пилетину. Оставите у фрижидеру до 3 дана. Чувајте вонтон траке одвојено.

c) Да бисте послужили, протресите садржај тегле и додајте вонтон траке.

d) Послужите одмах.

31. Кинеска пилећа салата са вонтонима

САСТОЈЦИ

4 шоље исецкане ромаине салате

1 шоља исецкане куване пилетине

1/2 шоље исецкане шаргарепе

1/2 шоље сецканог црвеног купуса

1/2 шоље нарезаног краставца

1/2 шоље нарезане црвене паприке

1/4 шоље сецканог цилантра

1/4 шоље нарезаног зеленог лука

1/4 шоље сецканог кикирикија

8 вонтон омота, пржених и исецканих

Облачење:

2 кашике соја соса

2 кашике пиринчаног сирћета

1 кашика меда

1 кашика сусамовог уља

1 кашика ренданог ђумбира

1 чен белог лука, млевен

Упутства:

У великој посуди помешајте ромаин салату, кувану пилетину, исецкану шаргарепу, црвени купус, краставац, црвену паприку, цилантро, зелени лук и сецкани кикирики.

У малој чинији умутите соја сос, пиринчано сирће, мед, сусамово уље, рендани ђумбир и млевени бели лук да направите прелив.

Прелијте салату дресингом и промешајте да се сједини.

Одозго са сецканим прженим вотонима.

Послужите одмах.

32. Вонтон салата са шкампима

САСТОЈЦИ

4 шоље мешаног зеленила
1/2 шоље куваних шкампа
1/2 шоље краставца исеченог на коцкице
1/2 шоље нарезаног чери парадајза
1/4 шоље црвеног лука исеченог на коцкице
1/4 шоље исечене ротквице
8 вонтон омота, пржених и исецканих
Облачење:

3 кашике маслиновог уља
2 кашике балзамико сирћета
1 кашичица дижон сенфа
1 кашичица меда
Сол и бибер по укусу
Упутства:

У великој чинији помешајте мешано зеље, куване
шкампе, краставац исечен на коцкице, нарезани чери
парадајз, црвени лук исецкан на коцкице.

У малој чинији умутите маслиново уље, балзамико
сирће, дижон сенф, мед, со и бибер да направите
прелив.
Прелијте салату дресингом и промешајте да се
сједини.

Одозго са сецканим прженим вотонима.

Послужите одмах.

33. Азијска салата са вонтонима

САСТОЈЦИ

4 шоље мешаног зеленила
1/2 шоље куване исецкане пилетине
1/2 шоље исецкане шаргарепе
1/2 шоље нарезаног краставца
1/2 шоље нарезане црвене паприке
1/4 шоље сецканог цилантра
1/4 шоље нарезаног зеленог лука
8 вонтон омота, пржених и исецканих
Облачење:

3 кашике пиринчаног сирћета
1 кашика соја соса
1 кашика меда
1 чен белог лука, млевен
1/4 шоље биљног уља
Сол и бибер по укусу

Упутства:
У великој посуди помешајте мешано зеље, кувану
исецкану пилетину, исецкану шаргарепу, нарезани
краставац, нарезану црвену паприку, цилантро и
зелени лук.

У малој чинији умутите пиринчано сирће, соја сос,
мед, млевени бели лук, биљно уље, со и бибер да
направите прелив.

Прелијте салату дресингом и промешајте да се
сједини.

Одозго са сецканим прженим вотонима.
Послужите одмах.

34. Зачињена Вонтон салата

САСТОЈЦИ

4 шоље сецкане ајсберг салате
1/2 шоље куваног млевеног свињског меса
1/2 шоље нарезаног краставца
1/2 шоље нарезане црвене паприке
1/4 шоље нарезаног зеленог лука
8 вонтон омота, пржених и исецканих
Облачење:
2 кашике пиринчаног сирћета
1 кашика соја соса
1 кашика хоисин соса
1 кашика сирацха соса
1 чен белог лука, млевен
1/4 шоље биљног уља
Сол и бибер по укусу

Упутства:
У великој чинији помешајте сецкану ајсберг салату,
кувану млевену свињетину, нарезан краставац,
исечену црвену паприку и нарезани зелени лук.

У малој посуди умутите пиринчано сирће, соја сос,
хоисин сос, сирацха сос, млевени бели лук, биљно
уље, со и бибер да направите прелив.

Прелијте салату дресингом и промешајте да се
сједини.
Одозго са сецканим прженим вотонима.

Послужите одмах.

35. Вонтон салата од сусамовог ђумбира

САСТОЈЦИ

4 шоље мешаног зеленила
1/2 шоље куваних шкампа
1/2 шоље нарезаног краставца
1/2 шоље нарезане црвене паприке
1/4 шоље сецканог цилантра
1/4 шоље нарезаног зеленог лука
8 вонтон омота, пржених и исецканих

Облачење:
3 кашике пиринчаног сирћета
1 кашика соја соса
1 кашика меда
1 чен белог лука, млевен
1 кашика сусамовог уља
1 кашика ренданог ђумбира
Со и бибер по укусу

Упутства:
У великој посуди помешајте мешано зеленило, куване шкампе, нарезани краставац, нарезану црвену паприку, цилантро и зелени лук.

У малој чинији умутите пиринчано сирће, соја сос, мед, млевени бели лук, сусамово уље, рендани ђумбир, со и бибер да направите прелив.
Прелијте салату дресингом и промешајте да се сједини.
Одозго са сецканим прженим вотонима.
Послужите одмах.

36. Вонтон салата од авокада

САСТОЈЦИ

4 шоље мешаног зеленила
1 авокадо, нарезан
1/2 шоље чери парадајза
1/2 шоље исеченог црвеног лука
1/4 шоље сецканог цилантра
8 вонтон омота, пржених и исецканих
Облачење:

2 кашике маслиновог уља
1 кашика сока од лимете
1 чен белог лука, млевен
Сол и бибер по укусу
Упутства:

У великој посуди помешајте мешано зеленило, нарезан авокадо, чери парадајз, нарезани црвени лук и цилантро.

У малој чинији умутите маслиново уље, сок од лимете, млевени бели лук, со и бибер да направите прелив.

Прелијте салату дресингом и промешајте да се сједини.

Одозго са сецканим прженим вотонима.

Послужите одмах.

37. Тајландска вонтон салата

САСТОЈЦИ

4 шоље сецкане ромаине салате
1/2 шоље куване млевене пилетине
1/2 шоље нарезаног краставца
1/2 шоље исеченог црвеног лука
1/4 шоље сецканог цилантра
1/4 шоље нарезаног зеленог лука
8 вонтон омота, пржених и исецканих
Облачење:

3 кашике сока од лимете
1 кашика рибљег соса
1 кашика меда
1 чен белог лука, млевен
1/4 шоље биљног уља
Сол и бибер по укусу
Упутства:

У великој посуди помешајте сецкану романску
салату, кувану млевену пилетину, нарезани краставац,
нарезани црвени лук, цилантро и зелени лук.
У малој чинији умутите сок од лимете, рибљи сос,
мед, млевени бели лук, биљно уље, со и бибер да
направите прелив.
Прелијте салату дресингом и промешајте да се
сједини.
4. Одозго са сецканим прженим вотонима.

Послужите одмах.

38. Вонтон салата са пилетином на жару

САСТОЈЦИ

4 шоље мешаног зеленила
1 печена пилећа прса, исечена на кришке
1/2 шоље нарезане шаргарепе
1/2 шоље нарезане црвене паприке
1/4 шоље сецканог цилантра
8 вонтон омота, пржених и исецканих
Облачење:

2 кашике пиринчаног сирћета
1 кашика соја соса
1 кашика меда
1 чен белог лука, млевен
1/4 шоље биљног уља
Сол и бибер по укусу
Упутства:

У великој посуди помешајте мешано зеленило,
нарезана пилећа прса на жару, шаргарепу, исечену
црвену паприку и цилантро.

У малој чинији умутите пиринчано сирће, соја сос,
мед, млевени бели лук, биљно уље, со и бибер да
направите прелив.
Прелијте салату дресингом и промешајте да се
сједини.

Одозго са сецканим прженим вотонима.

Послужите одмах.

39. Зачињена Вонтон салата од туњевине

САСТОЈЦИ

4 шоље мешаног зеленила
1/2 шоље зачињене туњевине
1/2 шоље нарезаног авокада
1/2 шоље нарезаног краставца
1/4 шоље нарезаног зеленог лука
8 вонтон омота, пржених и исецканих
Облачење:

2 кашике соја соса
1 кашика пиринчаног сирћета
1 кашика меда
1 чен белог лука, млевен
1 кашика сусамовог уља
Сол и бибер по укусу
Упутства:

У великој чинији помешајте мешано зеленило, зачињену туњевину, нарезан авокадо, нарезани краставац и зелени лук.

У малој чинији умутите соја сос, пиринчано сирће, мед, млевени бели лук, сусамово уље, со и бибер да направите прелив.

Прелијте салату дресингом и промешајте да се сједини.
Одозго са сецканим прженим вотонима.

Послужите одмах.

40. ББК Цхицкен Вонтон салата

САСТОЈЦИ

4 шоље мешаног зеленила
1/2 шоље ББК пилетине, нарезане
1/2 шоље исеченог црвеног лука
1/2 шоље нарезаног авокада
1/4 шоље сецканог цилантра
8 вонтон омота, пржених и исецканих
Облачење:

2 кашике ББК соса
1 кашика ранч прелива
1 чен белог лука, млевен
Сол и бибер по укусу
Упутства:

У великој посуди помешајте мешано зеленило, нарезану пилетину са роштиља, нарезани црвени лук, нарезани авокадо и цилантро.
У малој посуди умутите сос за роштиљ, ранч прелив, млевени бели лук, со и бибер да направите прелив.
Прелијте салату дресингом и промешајте да се сједини.
Одозго са сецканим прженим вотонима.
Послужите одмах.

41. салата од шкампи и манга

САСТОЈЦИ

4 шоље мешаног зеленила

1/2 шоље куваних шкампа

1/2 шоље манга исеченог на коцкице

1/4 шоље црвеног лука исеченог на коцкице

1/4 шоље сецканог цилантра

8 вонтон омота, пржених и исецканих

Облачење:

2 кашике сока од лимете

1 кашика меда

1 кашика маслиновог уља

1 чен белог лука, млевен

Сол и бибер по укусу

Упутства:

У великој посуди помешајте мешано зеленило, куване шкампе, манго исечен на коцкице, црвени лук исечен на коцкице и цилантро.

У малој чинији умутите сок од лимете, мед, маслиново уље, млевени бели лук, со и бибер да направите прелив.

Прелијте салату дресингом и промешајте да се сједини.

Одозго са сецканим прженим вотонима.

Послужите одмах.

42. Тајландска вонтон салата од кикирикија

САСТОЈЦИ

4 шоље мешаног зеленила
1/2 шоље куване пилетине, нарезане
1/4 шоље нарезаног краставца
1/4 шоље нарезане црвене паприке
1/4 шоље нарезане шаргарепе
8 вонтон омота, пржених и исецканих

Облачење:
2 кашике путера од кикирикија
1 кашика соја соса
1 кашика пиринчаног сирћета
1 кашика меда
1 чен белог лука, млевен
1 кашика воде
Сол и бибер по укусу

Упутства:
У великој чинији помешајте мешано зеленило, исечену кувану пилетину, нарезани краставац, нарезану црвену паприку и шаргарепу.

У малој чинији умутите путер од кикирикија, соја сос, пиринчано сирће, мед, млевени бели лук, воду, со и бибер да направите прелив.

Прелијте салату дресингом и промешајте да се сједини.
Одозго са сецканим прженим вотонима.
Послужите одмах.

43. Терииаки Тофу Вонтон салата

САСТОЈЦИ

4 шоље мешаног зеленила
1/2 шоље терииаки тофуа, нарезаног
1/4 шоље исеченог црвеног лука
1/4 шоље нарезане шаргарепе
1/4 шоље сецканог цилантра
8 вонтон омота, пржених и исецканих
Облачење:

2 кашике соја соса
1 кашика пиринчаног сирћета
1 кашика меда
1 чен белог лука, млевен
1 кашика сусамовог уља
Сол и бибер по укусу
Упутства:

У великој чинији помешајте мешано зеленило, нарезани терииаки тофу, нарезани црвени лук, нарезану шаргарепу и цилантро.

У малој чинији умутите соја сос, пиринчано сирће, мед, млевени бели лук, сусамово уље, со и бибер да направите прелив.

Прелијте салату дресингом и промешајте да се сједини.
Одозго са сецканим прженим вотонима.

Послужите одмах.

44. Цапресе Вонтон салата

САСТОЈЦИ

4 шоље мешаног зеленила
1/2 шоље чери парадајза, преполовљено
1/2 шоље свеже лоптице моцареле, преполовљене
1/4 шоље сецканог босиљка
8 вонтон омота, пржених и исецканих
Облачење:

2 кашике балзамико сирћета
1 кашика маслиновог уља
Сол и бибер по укусу
Упутства:

У великој посуди помешајте мешано зеленило, чери парадајз, свежу моцарелу и босиљак.
У малој чинији умутите балзамико сирће, маслиново уље, со и бибер да направите прелив.
Прелијте салату дресингом и промешајте да се сједини.
Одозго са сецканим прженим вотонима.
5. Послужите одмах.

45. Зачињена Вонтон салата од туњевине

САСТОЈЦИ

4 шоље мешаног зеленила

1/2 шоље туњевине из конзерве, оцеђене

1/4 шоље исеченог црвеног лука

1/4 шоље нарезаног краставца

1/4 шоље сецканог цилантра

8 вонтон омота, пржених и исецканих

Облачење:

2 кашике срирацха

1 кашика пиринчаног сирћета

1 кашика меда

1 чен белог лука, млевен

Сол и бибер по укусу

Упутства:

У великој посуди помешајте мешано зеленило, туњевину из конзерве, нарезани црвени лук, нарезани краставац и цилантро.

У малој посуди умутите сирирачу, пиринчано сирће, мед, млевени бели лук, со и бибер да направите прелив.

Прелијте салату дресингом и промешајте да се сједини.

Одозго са сецканим прженим вотонима.

Послужите одмах.

46. Антипасто Вонтон салата

САСТОЈЦИ

4 шоље мешаног зеленила
1/4 шоље нарезане саламе
1/4 шоље нарезаног феферона
1/4 шоље нарезаног проволоне сира
1/4 шоље нарезаних печених црвених паприка
8 вонтон омота, прженим и исецканих
Облачење:

2 кашике црвеног винског сирћета
1 кашика маслиновог уља
1 чен белог лука, млевен
Сол и бибер по укусу
Упутства:

У великој чинији помешајте мешано зеље, исечену саламу, фефероне, нарезани проволоне сир и исечене печене црвене паприке.

У малој чинији умутите црвено винско сирће, маслиново уље, млевени бели лук, со и бибер да направите прелив.

Прелијте салату дресингом и промешајте да се сједини.

Одозго са сецканим прженим вотонима.

Послужите одмах.

47. <u>Соутхвестерн Вонтон салата</u>

САСТОЈЦИ

4 шоље мешаног зеленила
1/2 шоље црног пасуља, испраног и оцеђеног
1/2 шоље зрна кукуруза
1/4 шоље авокада исеченог на коцкице
1/4 шоље црвеног лука исеченог на коцкице
1/4 шоље сецканог цилантра
8 вонтон омота, пржених и исецканих
Облачење:

2 кашике сока од лимете
1 кашика маслиновог уља
1 чен белог лука, млевен
1/2 кашичице чили праха
Сол и бибер по укусу
Упутства:

У великој посуди помешајте мешано зеленило, црни пасуљ, зрна кукуруза, авокадо исечен на коцкице, црвени лук исечен на коцкице и сецкани цилантро.

У малој чинији умутите сок од лимете, маслиново уље, млевени бели лук, чили у праху, со и бибер да направите прелив.

Прелијте салату дресингом и промешајте да се сједини.

Одозго са сецканим прженим вотонима.
Послужите одмах.

48. Цаесар Вонтон салата са пилетином на жару

САСТОЈЦИ

4 шоље ромаине зелене салате, сецкане
1/2 шоље пилетине на жару, нарезане
1/4 шоље обријаног пармезана
1/4 шоље крутона
8 вонтон омота, пржених и исецканих
Облачење:

2 кашике мајонеза
1 кашика лимуновог сока
1 чен белог лука, млевен
1 кашичица дижон сенфа
Сол и бибер по укусу
Упутства:

У великој чинији помешајте сецкану романску салату, нарезану пилетину на жару, обријани пармезан и крутоне.
У малој чинији умутите мајонез, лимунов сок, млевени бели лук, дижон сенф, со и бибер да направите прелив.
3. Прелијте салату дресингом и ставите да се сједини.

Одозго са сецканим прженим вотонима.

Послужите одмах.

49. Грчка Вонтон салата

САСТОЈЦИ

4 шоље мешаног зеленила
1/4 шоље измрвљених фета сира
1/4 шоље нарезаних Каламата маслина
1/4 шоље нарезаног краставца
1/4 шоље парадајза исеченог на коцкице
8 вонтон омота, пржених и исецканих
Облачење:

2 кашике црвеног винског сирћета
1 кашика маслиновог уља
1 чен белог лука, млевен
1/2 кашичице сушеног оригана
Сол и бибер по укусу
Упутства:

У великој чинији помешајте мешано зеље, измрвљени фета сир, нарезане Каламата маслине, нарезани краставац и парадајз исечен на коцкице.

У малој чинији умутите црвено винско сирће, маслиново уље, млевени бели лук, сушени оригано, со и бибер да направите прелив.

Прелијте салату дресингом и промешајте да се сједини.

Одозго са сецканим пржеdним вотонима.

Послужите одмах.

50. салата од печене цвекле и козјег сира

САСТОЈЦИ

4 шоље руколе
1/2 шоље печене цвекле, нарезане
1/4 шоље измрвљеног козјег сира
1/4 шоље сецканих ораха
8 вонтон омота, пржених и исецканих
Облачење:

2 кашике балзамико сирћета
1 кашика маслиновог уља
1 чен белог лука, млевен
1 кашичица меда
Сол и бибер по укусу
Упутства:

У великој чинији помешајте руколу, нарезану печену цвеклу, измрвљени козји сир и сецкане орахе.
У малој чинији умутите балзамико сирће, маслиново уље, млевени бели лук, мед, со и бибер да направите прелив.
Прелијте салату дресингом и промешајте да се сједини.
Одозго са сецканим прженим вотонима.
Послужите одмах.

СОУП

51. Кето Вонтон супа

6 унци свињетине, грубо сецкане

⏱8 средњих шкампа, ољуштених и млевених

⏱1 кашика кинеског вина или сувог шерија

⏱2 кашике светлог соја соса

⏱1 кашичица ситно исецканог младог лука

⏱1 кашичица ситно исецканог свежег ђумбира

⏱24 вонтон омотача

⏱3 шоље пилећег темељца

⏱Ситно исецкани млади лук, два украса.

У чинији помешајте сецкану свињетину и млевене шкампе са пиринчаним вином или шеријем, 1 т соја соса, младим луком и сецканим ђумбиром. Добро промешајте и оставите 25-30 минута да се укуси сједине.

Ставите 1 т фила у средину сваког вонтон омотача.

Навлажите ивице сваког вонтона са мало воде и притисните их прстима да запечате, а затим преклопите сваки вонтон.

За кување, проври темељац у воку, додајте вонтоне и кувајте 4-5 минута. Додајте преостали соја сос и млади лук, пребаците у појединачне чиније за супу и послужите.

52. Класична Вонтон супа са бујоном

САСТОЈЦИ

- 40 великих вонтон омота

ЗА ФИЛ ВОНТОН - ШКАМИ:

- 20 шкампи средње величине, ољуштених и девеинед, исечених на пола по дужини
- $\frac{1}{2}$ кашичице кошер соли
- $\frac{1}{2}$ кашичице кукурузног шкроба
- 1 кашичица екстра девичанског маслиновог уља

ЗА ФИЛ ВОНТОН - СВИЊЕТИНА:

- 1 фунта 80% немасног млевеног свињског меса
- 1 $\frac{1}{2}$ кашике свежег ђумбира, млевеног
- 1 кашика пиринчаног вина Схаокинг
- 2 кашике светлог соја соса
- 2 кашичице кукурузног шкроба
- 1 кашичица смеђег шећера
- 2 кашике екстра девичанског маслиновог уља
- $\frac{1}{2}$ кашичице кошер соли, подељено
- 6 унци поточаре, сецкане (око 4 шоље)

ЗА БАЗУ ЧОРБЕ ВОНТОН:

- 8 шољица бујона од пилеће кости (4 картона)
- 2 шоље поточаре или другог зеленог поврћа по жељи (опционо)
- Сол и бибер по укусу
- Сецкани зелени лук за украшавање
- Вруће уље чилија или сусамово уље за заливање (опционо)

УПУТСТВА

а) Помешајте **САСТОЈКЕ ЗА ПУЊЕЊЕ ШКАМПА** у малој чинији и добро промешајте. Оставите на страну.

b) У великој посуди за мешање помешајте свињетину, ђумбир, вино Схаокинг, лагани соја сос, кукурузни скроб и шећер. Добро промешати.

c) У мешавину свињског меса додајте маслиново уље, со и поточарку. Користите обе руке да помешате све састојке заједно.

d) Припремите равну радну површину тако што ћете посути мало брашна. Раширите га руком. Припремите малу посуду са водом са стране.

e) Сада умотајте вонтоне. Положите један омотач равно на длан једне руке, уском страном окренутом према вама. Узмите око 1 кашику свињског пуњења и ставите у центар вонтон омота. Додајте комад шкампа на врх.

f) Подигните уску страну омота и преклопите ка широкој страни омотача, покривајући потпуно фил. Уска страна треба да иде горе до тачке где је остало око пола инча простора до широке стране.

g) Лагано уроните палац у воду. Прстима спојите уске и широке бочне ивице омота око пуњења, а затим савијте вонтон у облик шешира медицинске сестре, користећи мокри палац да притиснете два краја заједно.

h) Поновите са остатком омотача и ставите вонтоне на радну површину у једном слоју са малим растојањем између сваког.

i) Проври велики лонац воде, додајте број вонтона који желите да кувате. Пустите их да кључају око 5 минута док не испливају. Пробајте један да видите да ли је фил скуван.

j) Истовремено, у другом лонцу прокри бујон од пилећих костију (2 шоље за 10-12 вонтона). Додајте мало поточарке или зеленог поврћа по жељи, попут беби бок чоја. Кувајте док поврће не увене, око 1-2 минута. Зачините сољу и бибером по укусу.

k) Пребаците подлогу за супу од чорбе у чинију за сервирање и ставите куване вонтоне у чинију користећи шупљину. Украсите сецканим зеленим луком и по жељи прелијте врућим чили уљем или сусамовим уљем. Уживати!

53. Вонтон супа са кнедлама

Сервирање: 6

САСТОЈЦИ

- Вонтон врапперс, двадесет четири
- Ситно сецкани млади лук, једна кашичица.
- Ситно сецкани ђумбир, једна кашичица.
- Соја сос, једна кашика.
- Смеђи шећер, једна кашичица.
- Пилећа прса, исецкана, два
- Свеж спанаћ, једна шоља
- Шкампи, једна фунта
- Водени кестени, осам унци
- Печурка, нарезана, једна шоља
- Пиринчано вино, једна кашика.
- Млевено свињско месо, осам унци

УПУТСТВА

a) Ставите пилећи темељац да проври, а затим додајте све састојке.

b) Кувајте док се пилетина и шкампи не скувају, око 10 минута.

c) У чинији помешајте свињетину, млевене шкампе, смеђи шећер, пиринчано вино или шери, соја сос, млади лук и сецкани ђумбир.

d) Добро промешајте и оставите 25-30 минута да се укуси споје.

e) Додајте једну кашичицу. пуњења у средини сваког вонтон омота.

f) Навлажите ивице сваког вонтона са мало воде и притисните их прстима да се запечате.

ђ) За кување додајте вонтоне у кипући пилећи темељац и кувајте 4-5 минута.

54. Вонтонс у лаганој сусам-сојиној чорби са грашком

Израђује: 4 порције

САСТОЈЦИ

ВОНТОНС

2 шоље ситно сецканог напа купуса

2 кашике ситно исеченог жутог лука

$\frac{1}{4}$ шоље ситно сецканог зеленог лука

1 кашика Нама Схоиу или Брагг течних аминокиселина

1 кашика прженог сусамовог уља

1 рецепт Палачинке од јабука, дехидриране према упутству

СОУП БАСЕ

$\frac{1}{2}$ шоље грашка, свежег или смрзнутог

4 шоље воде

УПУТСТВА

Да направите фил за вонтон, ставите купус, зелени лук, Нама

Шоју и сусамово уље у чинију и баците да се добро измеша. Оставите најмање 15 минута да се маринирају и омекшају.

Да бисте направили вонтон омоте, исеците палачинке од јабука на шеснаест квадрата од $3\frac{1}{2}$ инча.

Да бисте напунили вонтоне, прво исцедите сав вишак течности из маринираног фила, чувајући маринаду за употребу у подлози за супу. Затим ставите кашичицу фила у средиште сваког вонтон омотача. Држите омотач сјајном страном нагоре; то је страна која је била против облоге. Пресавијте на пола дијагонално да бисте направили троугао, пазећи да се крајеви састају. Чврсто притисните крајеве да бисте запечатили. Навлажите углове свог троугла умочивши врх прста у малу посуду са водом и спојите два краја тако да се преклапају. Притисните да запечатите.

Да бисте направили подлогу за супу, сипајте маринаду у велику посуду, заједно са грашком и водом. Добро промешати. Сипајте у четири чиније за сервирање. Додајте вонтоне и одмах послужите.

55. Једноставна вонтон супа

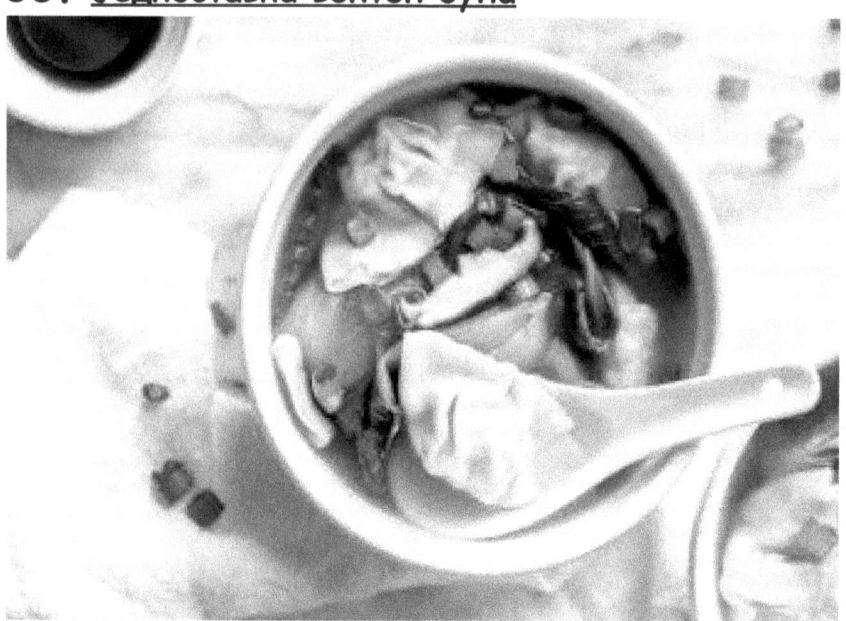

САСТОЈЦИ

- 10 унци беби бок чоја или сличног зеленог поврћа
- 1 шоља млевене свињетине
- 2½ кашике сусамовог уља
- Прстохвати бели бибер
- 1 кашика зачињеног соја соса
- ½ кашичице соли
- 1 кашика вина Схаокинг
- 1 паковање вонтон коже
- 6 шољица доброг пилећег темељца
- 1 кашика сусамовог уља
- Бели бибер и сол по укусу
- 1 млади лук, сецкани

УПУТСТВА

a) Почните са темељним прањем поврћа. Проври велики лонац воде и бланширајте поврће док не увене. Оцедите и исперите у хладној води. Узмите добар комад поврћа и пажљиво исцедите што више воде. Поврће врло ситно исецкајте (процес можете убрзати и тако што ћете га бацити у машину за храну).

b) У средњу чинију додајте ситно сецкано поврће, млевену свињетину, сусамово уље, бели бибер, соја сос, со и вино Схаокинг. Мешајте веома темељно док се смеша не емулгује - скоро као паста.

c) Сада је време да се саставите! Напуните малу посуду водом. Зграбите омот и прстом навлажите ивице омота. У средину додајте мало преко кашичице фила. Пресавијте омот на пола и притисните обе стране заједно тако да добијете чврст печат.

d) Држите доња два угла малог правоугаоника који сте управо направили и спојите два угла. Можете користити мало воде да бисте били сигурни да се држе. И то је то! Наставите да састављате док не нестане сво пуњење. Ставите вонтоне на плех или тањир обложен папиром за печење како бисте спречили лепљење.

e) У овом тренутку можете покрити вонтоне пластичном фолијом, ставити лим за печење/тањир у замрзивач и пребацити их у Зиплоц кесе када се замрзну. Чуваће се неколико месеци у замрзивачу и биће спремни за вонтон супу кад год пожелите.

f) Да бисте направили супу, загрејте пилећи темељац до кључања и додајте сусамово уље, бели бибер и со.

g) Прокухајте у посебном лонцу воде. Пажљиво додајте вонтоне један по један у лонац. Мешајте како бисте спречили да се вонтони залепе за дно. Ако се залепе, не бринуте, требало би да се ослободе када се скувају. Готови су када плутају. Водите рачуна да их не прекувате.

h) Извадите вонтоне шупљикавом кашиком и ставите их у чиније. Вонтоне прелијте супом и украсите сецканим младим луком. Серве!

56. Класична вонтон супа од свињетине

САСТОЈЦИ

Вонтон врапперс

1 лб млевене свињетине

2 чена белог лука, млевено

1 кашика соја соса

1 кашика сусамовог уља

1 кашика пиринчаног вина

2 зелена лука, сецкана

Сол и бибер по укусу

6 шољица пилећег бујона

УПУТСТВА

У посуди за мешање помешајте млевено свињетину, бели лук, соја сос, сусамово уље, пиринчано вино, зелени лук, со и бибер.

Ставите малу кашику мешавине свињског меса у средиште сваког вонтон омота.

Навлажите ивице вонтон омота водом, преклопите на пола и притисните да се запечате.

У лонцу прокувајте пилећу чорбу.

Додајте вонтоне у лонац и кувајте 5-7 минута, или док не испливају на површину.

Послужите топло.

57. Вегетаријанска вонтон супа

САСТОЈЦИ

Вонтон врапперс
1/2 шоље сецканих печурака
1/2 шоље сецкане шаргарепе
1/2 шоље сецканог целера
1/2 шоље сецканог купуса
1/4 шоље сецканог зеленог лука
2 чена белог лука, млевено
1 кашика соја соса
1 кашика сусамовог уља
6 шоља чорбе од поврћа

УПУТСТВА

У тигању динстајте печурке, шаргарепу, целер, купус, зелени лук и бели лук неколико минута.

Додајте соја сос и сусамово уље и наставите да кувате док поврће не омекша.

Ставите малу кашику мешавине поврћа у центар сваке вонтон омота.

Навлажите ивице вонтон омота водом, преклопите на пола и притисните да се запечате.

У лонцу ставите чорбу од поврћа да прокључа.

Додајте вонтоне у лонац и кувајте 5-7 минута, или док не испливају на површину.

Послужите топло.

58. супа од пилетине и поврћа

САСТОЈЦИ

Вонтон врапперс
1/2 лб млевене пилетине
1/2 шоље сецканих печурака
1/2 шоље сецкане шаргарепе
1/2 шоље сецканог целера
1/4 шоље сецканог зеленог лука
2 чена белог лука, млевено
1 кашика соја соса
1 кашика сусамовог уља
6 шољица пилећег бујона

УПУТСТВА

У тигању пропржите млевену пилетину, печурке, шаргарепу, целер, зелени лук и бели лук неколико минута.

Додајте соја сос и сусамово уље и наставите да кувате док поврће не омекша и пилетина не скува.

Ставите малу кашику мешавине пилетине и поврћа у средину сваког вонтон омота.

Навлажите ивице вонтон омота водом, преклопите на пола и притисните да се запечате.

У лонцу прокувајте пилећу чорбу.

Додајте вонтоне у лонац и кувајте 5-7 минута, или док не испливају на површину.

Послужите топло.

59. Зачињена Вонтон супа од шкампи

САСТОЈЦИ

Вонтон врапперс
1/2 лб шкампи, ољуштени и без вена
1/2 шоље сецканих печурака
1/2 шоље сецкане шаргарепе
1/2 шоље сецканог целера
1/4 шоље сецканог зеленог лука
2 чена белог лука, млевено
1 кашика соја соса
1 кашика сусамовог уља
1 кашика пахуљица чилија (или више, по укусу)
6 шољица пилећег бујона

УПУТСТВА

У тигању пропржите шкампе, печурке, шаргарепу, целер, зелени лук и бели лук неколико минута.

Додајте соја сос, сусамово уље и љуспице чилија и наставите да кувате док поврће не омекша и шкампи не буду скувани.

Ставите малу кашику мешавине шкампа и поврћа у средину сваког вонтонског омотача.

Навлажите ивице вонтон омота водом, преклопите на пола и притисните да се запечате.

У лонцу прокувајте пилећу чорбу.

Додајте вонтоне у лонац и кувајте 5-7 минута, или док не испливају на површину.

Послужите топло.

60. <u>супа са кокосовим кари вонтон</u>

САСТОЈЦИ

Вонтон врапперс

1/2 лб млевене свињетине

1/2 шоље сецканих печурака

1/2 шоље сецкане шаргарепе

1/2 шоље сецкане паприке

2 чена белог лука, млевено

1 кашика црвене кари пасте

1 кашика рибљег соса

1 кашика смеђег шећера

1 конзерва (13,5 оз) кокосовог млека

6 шољица пилећег бујона

УПУТСТВА

У тигању продинстајте млевено свињско месо, печурке, шаргарепу, паприку и бели лук неколико минута.

Додајте црвену кари пасту, рибљи сос и смеђи шећер и наставите да кувате још минут.

Додајте кокосово млеко и пилећу чорбу и прокувајте.

Ставите малу кашику мешавине свињетине и поврћа у центар сваке вонтон омота.

Навлажите ивице вонтон омота водом, преклопите на пола и притисните да се запечате.

У лонцу доведите супу до кључања.

Додајте вонтоне у лонац и кувајте 5-7 минута, или док не испливају на површину.

Послужите топло.

61. супа од ђумбира и свињетине

САСТОЈЦИ

Вонтон врапперс
1 лб млевене свињетине
2 чена белог лука, млевено
2 кашике ренданог ђумбира
1 кашика соја соса
1 кашика сусамовог уља
6 шољица пилећег бујона
1/4 шоље сецканог зеленог лука

УПУТСТВА

У посуди за мешање помешајте млевену свињетину, бели лук, ђумбир, соја сос, сусамово уље и зелени лук.

Ставите малу кашику мешавине свињског меса у средиште сваког вонтон омота.

Навлажите ивице вонтон омота водом, преклопите на пола и притисните да се запечате.

У лонцу прокувајте пилећу чорбу.

Додајте вонтоне у лонац и кувајте 5-7 минута, или док не испливају на површину.

Послужите топло.

62. Вонтон супа од шкампи од белог лука

САСТОЈЦИ

Вонтон врапперс
1/2 лб шкампи, ољуштени и без вена
2 чена белог лука, млевено
1 кашика соја соса
1 кашика сусамовог уља
6 шољица пилећег бујона
1/4 шоље сецканог зеленог лука

УПУТСТВА

У посуди за мешање помешајте шкампе, бели лук, соја сос, сусамово уље и зелени лук.
Ставите малу кашику мешавине шкампа у средину сваког вонтон омота.
Навлажите ивице вонтон омота водом, преклопите на пола и притисните да се запечате.
У лонцу прокувајте пилећу чорбу.
Додајте вонтоне у лонац и кувајте 5-7 минута, или док не испливају на површину.
6. Послужите топло.

63. Зачињена сечуанска вонтон супа

САСТОЈЦИ

Вонтон врапперс

1/2 лб млевене свињетине

1/4 шоље сецканог зеленог лука

2 чена белог лука, млевено

1 кашика соја соса

1 кашика чили пасте

1 кашика хоисин соса

1 кашика пиринчаног сирћета

6 шољица пилећег бујона

УПУТСТВА

У посуди за мешање помешајте млевену свињетину, зелени лук, бели лук, соја сос, чили пасту, хоисин сос и пиринчано сирће.

Ставите малу кашику мешавине свињског меса у средиште сваког вонтон омота.

Навлажите ивице вонтон омота водом, преклопите на пола и притисните да се запечате.

У лонцу прокувајте пилећу чорбу.

Додајте вонтоне у лонац и кувајте 5-7 минута, или док не испливају на површину.

Послужите топло.

64. Вегетаријанска вонтон супа

САСТОЈЦИ

Вонтон врапперс
1/4 шоље сецканих шитаке печурака
1/4 шоље сецкане шаргарепе
1/4 шоље сецкане паприке
1/4 шоље сецканог зеленог лука
2 чена белог лука, млевено
1 кашика соја соса
1 кашика сусамовог уља
6 шоља чорбе од поврћа

УПУТСТВА

У тигању пропржите печурке, шаргарепу, паприку, зелени лук и бели лук неколико минута.

Додајте соја сос и сусамово уље и наставите да кувате док поврће не омекша.

Ставите малу кашику мешавине поврћа у центар сваке вонтон омота.

Навлажите ивице вонтон омота водом, преклопите на пола и притисните да се запечате.

У лонцу ставите чорбу од поврћа да прокључа.

Додајте вонтоне у лонац и кувајте 5-7 минута, или док не испливају на површину.

Послужите топло.

65. Пилећа вонтон супа од лимунске траве

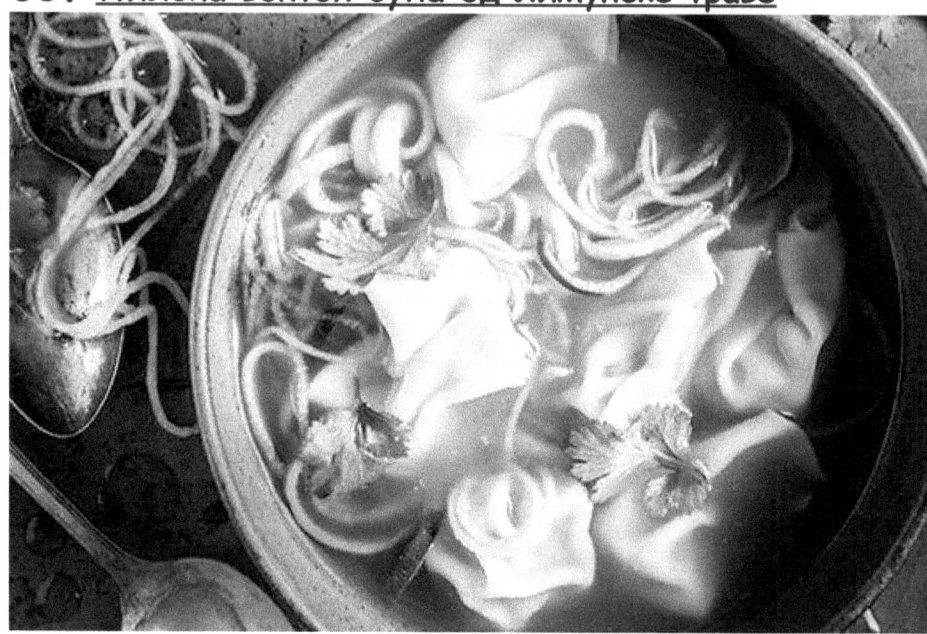

САСТОЈЦИ

Вонтон врапперс

1/2 лб млевене пилетине

2 чена белог лука, млевено

2 кашике млевене лимунске траве

1 кашика соја соса

1 кашика сусамовог уља

6 шољица пилећег бујона

1/4 шоље сецканог цилантра

УПУТСТВА

У посуди за мешање помешајте млевену пилетину, бели лук, лимунску траву, соја сос, сусамово уље и цилантро.

Ставите малу кашику мешавине пилетине у центар сваког вонтон омота.

Навлажите ивице вонтон омота водом, преклопите на пола и притисните да се запечате.

У лонцу прокувајте пилећу чорбу.

Додајте вонтоне у лонац и кувајте 5-7 минута, или док не испливају на површину.

Послужите топло.

66. супа од слатког и киселог свињског меса

САСТОЈЦИ

Вонтон врапперс

1/2 лб млевене свињетине

2 чена белог лука, млевено

1 кашика соја соса

1 кашика сусамовог уља

1/4 шоље сецканог зеленог лука

1/4 шоље комадића ананаса

1/4 шоље црвене паприке, сецкане

1/4 шоље пиринчаног сирћета

1/4 шоље смеђег шећера

6 шољица пилећег бујона

УПУТСТВА

У посуди за мешање помешајте млевену свињетину, бели лук, соја сос, сусамово уље, зелени лук, комадиће ананаса и црвену паприку.

2. Ставите малу кашичицу мешавине свињског меса у центар сваке вонтон омота.

Навлажите ивице вонтон омота водом, преклопите на пола и притисните да се запечате.

У лонцу прокувајте пилећу чорбу.

Додајте вонтоне у лонац и кувајте 5-7 минута, или док не испливају на површину.

У посебном тигању помешајте пиринчано сирће и смеђи шећер и кувајте на средњој ватри док се шећер не раствори.

Сипајте слатко-кисели сос у лонац вонтон супе и промешајте.

Послужите топло.

67. Том Иум шкампи Вонтон супа

САСТОЈЦИ

Вонтон врапперс
1/2 лб млевених шкампа
2 чена белог лука, млевено
2 кашике млевене лимунске траве
1 кашика рибљег соса
1 кашика сока од лимете
2 шоље воде
2 шоље пилећег бујона
1/4 шоље сецканог цилантра
1/4 шоље нарезаних печурака
1/4 шоље сецканог парадајза
1/4 шоље сецканог зеленог лука

УПУТСТВА

У посуди за мешање помешајте млевене шкампе, бели лук, лимунску траву, рибљи сос и сок од лимете.

Ставите малу кашику мешавине шкампа у средину сваког вонтон омота.

Навлажите ивице вонтон омота водом, преклопите на пола и притисните да се запечате.

У шерпи прокувајте воду и пилећу чорбу.

Додајте вонтоне у лонац и кувајте 5-7 минута, или док не испливају на површину.

Додајте цилантро, печурке, парадајз и зелени лук у лонац и динстајте још 5 минута.

Послужите топло.

68. Турска Вонтон супа

САСТОЈЦИ

Вонтон врапперс
1/2 лб млевене ћуретине
2 чена белог лука, млевено
1 кашика соја соса
1 кашика сусамовог уља
6 шољица пилећег бујона
1/4 шоље сецканог зеленог лука
1/4 шоље сецканих печурака
1/4 шоље сецкане шаргарепе

УПУТСТВА

У посуди за мешање помешајте млевену ћуретину, бели лук, соја сос и сусамово уље.

Ставите малу кашику мешавине ћуретине у средину сваког омота за вонтон.

Навлажите ивице вонтон омота водом, преклопите на пола и притисните да се запечате.

4. У лонцу проври пилећа чорба.

Додајте вонтоне у лонац и кувајте 5-7 минута, или док не испливају на површину.

Додајте зелени лук, печурке и шаргарепу у шерпу и динстајте још 5 минута.

Послужите топло.

69. Цраб Рангоон Вонтон супа

САСТОЈЦИ

Вонтон врапперс
1/2 лб имитације меса ракова
4 оз крем сира, омекшаног
1 кашика соја соса
1/4 шоље сецканог зеленог лука
2 шоље пилећег бујона
2 шоље воде
1/4 шоље исечених изданака бамбуса

УПУТСТВА

У посуди за мешање помешајте имитацију меса ракова, крем сир, соја сос и зелени лук.

Ставите малу кашику мешавине од ракова у средину сваког вонтон омота.

Навлажите ивице вонтон омота водом, преклопите на пола и притисните да се запечате.

У шерпи ставите пилећу чорбу и воду да прокључа.

Додајте вонтоне у лонац и кувајте 5-7 минута, или док не испливају на површину.

Додајте изданке бамбуса у лонац и динстајте још 5 минута.

Послужите топло.

70. Зачињена говеђа вонтон супа

САСТОЈЦИ

Вонтон врапперс
1/2 лб млевене говедине
2 чена белог лука, млевено
1 кашика чили соса од белог лука
2 шоље говеђег бујона
2 шоље воде
1/4 шоље сецканог цилантра
1/4 шоље нарезаног зеленог лука

УПУТСТВА

У посуди за мешање помешајте млевену говедину, бели лук и чили сос од белог лука.

Ставите малу кашику мешавине говедине у средину сваког вонтон омота.

Навлажите ивице вонтон омота водом, преклопите на пола и притисните да се запечате.

У шерпи проври говеђу чорбу и воду.

Додајте вонтоне у лонац и кувајте 5-7 минута, или док не испливају на површину.

Додајте цилантро и зелени лук у лонац и динстајте још 5 минута.

Послужите топло.

71. супа од шкампи и капице

САСТОЈЦИ

Вонтон врапперс
1/4 лб шкампи, огуљени и без вена
1/4 лб. капице, нарезане
1/4 шоље сецканог бок чоја
2 шоље пилећег бујона
2 шоље воде
1 кашичица ђумбира, млевеног
1 кашичица белог лука, млевеног
1/4 шоље нарезаног зеленог лука

УПУТСТВА

У посуди за мешање помешајте шкампе, капице, бок чој, ђумбир и бели лук.

Ставите малу кашику мешавине морских плодова у средиште сваког вонтон омота.

Навлажите ивице вонтон омота водом, преклопите на пола и притисните да се запечате.

У шерпи ставите пилећу чорбу и воду да проključa.

Додајте вонтоне у лонац и кувајте 5-7 минута, или док не испливају на површину.

Додајте зелени лук у шерпу и динстајте још 5 минута.

Послужите топло.

72. <u>Вонтон супа са сосом од путера од</u> <u>кикирикија</u>

САСТОЈЦИ

Вонтон врапперс
1/2 лб млевене свињетине
2 чена белог лука, млевено
1 кашика соја соса
1 кашика сусамовог уља
2 шоље пилећег бујона
2 шоље воде
1/4 шоље глатког путера од кикирикија
1 кашика пиринчаног сирћета
1 кашичица меда
1/4 шоље нарезаног зеленог лука

УПУТСТВА

У посуди за мешање помешајте млевену свињетину, бели лук, соја сос и сусамово уље.

Ставите малу кашику мешавине свињског меса у средиште сваког вонтон омота.

Навлажите ивице вонтон омота водом, преклопите на пола и притисните да се запечате.

У шерпи ставите пилећу чорбу и воду да проكључа.

Додајте вонтоне у лонац и кувајте 5-7 минута, или док не испливају на површину.

У малој чинији умутите путер од кикирикија, пиринчано сирће, мед и мало воде да направите сос.

Послужите вонтоне у чинијама супе и покапајте сос од путера од кикирикија. Украсите зеленим луком.

73. Вонтон супа са поврћем и резанцима

САСТОЈЦИ

Вонтон врапперс
1/2 лб млевене пилетине
1 шоља сецканог бок чоја
1 шоља нарезаних печурака
2 шоље пилећег бујона
2 шоље воде
1 кашика соја соса
1 кашичица сусамовог уља
2 шоље куваних резанаца од јаја
1/4 шоље нарезаног зеленог лука

УПУТСТВА

У посуди за мешање помешајте млевену пилетину, бок чој и печурке.

Ставите малу кашику мешавине пилетине у центар сваког вонтон омота.

Навлажите ивице вонтон омота водом, преклопите на пола и притисните да се запечате.

У шерпи ставите пилећу чорбу и воду да проključa.

Додајте вонтоне у лонац и кувајте 5-7 минута, или док не испливају на површину.

У шерпу додајте соја сос, сусамово уље и кувана резанце од јаја и динстајте још 5 минута.

Послужите топло, украшено зеленим луком.

ГЛАВНО ЈЕЛО

74. Равиоли са маскарпонеом и капицама

Служити 4

Састојци
- 12 великих капица
- 2 кашичице лимунове коре
- 1 кашика лимуновог сока
- 1 шоља свежег парадајза исеченог на коцкице
- 1 кашика маслиновог уља
- 2 кашике сувог белог вина
- 1/2 шоље рибљег темељца
- 1/2 шоље 35 посто креме за кување
- 2 суве француске љутике, ситно исецкане
- 1 мали чен белог лука, сецкани
- 3 кашике сецканог босиљка

За равиоле
- 1 шоља плус 2 кашике хладног маскарпонеа
- 24 квадрата вонтон омота
- 1 јаје
- 1/2 кашичице Еспелетте бибера
- Сол и свеже млевени бибер по укусу
- 1 кашика кукурузног шкроба

Упутства
а) Ситно нарендајте корицу лимуна. Ставите кукурузни скроб у малу посуду. Одвојите беланца и жуманца. У чинију ставите маскарпоне, жуманце, еспелете бибер, со и бибер.

b) Додајте по ½ кашичице лимунове корице и босиљка и помешајте све састојке.

c) На парном пешкиру раширите омоте од 12-Вонтон и премажите их беланца. Ставите 1 кашичицу фила од маскарпонеа у центар сваког квадрата и прекријте сваки другим квадратом. Водећи рачуна да прво ставите прсте у кукурузни скроб, притисните око пуњења да избаците ваздух и затворите пакете. Покријте и ставите у фрижидер док не будете спремни за употребу.

d) Када будете спремни да послужите равиоле, ставите воду у велику шерпу, посолите и прокувајте. Сипајте мало маслиновог уља у тигањ, загрејте до јаког степена и испеците капице са обе стране. Уклоните са ватре, ставите капице на плех и оставите са стране. Загрејте рерну на 350 Ф.

e) Вратите тигањ на ватру са мало маслиновог уља и продинстајте љутику и бели лук, али их не бојите. На јакој ватри деглазирајте тигањ белим вином. Мешајте пар минута, додајте рибљи темељац и смањите на пола. Додајте крему и наставите да кувате на средњој ватри да се сос повеже.

f) Да завршите сос, додајте парадајз, преосталу $\frac{1}{2}$ кашичице лимунове корице, босиљак и лимунов сок. Зачините сољу и бибером. Искључите топлоту.

g) У овом тренутку ставите капице у рерну на 4 до 5 минута, у зависности од њихове величине, да завршите кување. Загрејте тањире за сервирање. Пажљиво ставите равиоле у посољену кључалу воду на 2 до 3 минута. Извадите из шерпе шупљикавом кашиком и оцедите. Уклоните капице одозго. У сос додајте било који сок од шкољке. Ако служите као главно јело, ставите три равиола на средину сваког тањира, три капице око вонтона и прелијте равиоле сосом.

h) Украсите сваки тањир листом босиљка и свеже млевеним бибером.

75. Хавaииан Туњевина на жару са алгама

Израђује: 2 порције

САСТОЈЦИ

- ½ шоље соја соса
- 3 кашике меда
- 1 кашика млевеног свежег ђумбира
- 2 кашичице млевеног белог лука
- Свеже млевени црни бибер по укусу.
- 2 одреска од туњевине
- 2 кашике пиринчаног винског сирћета
- 2 кашике соја соса
- 2 кашике лимуновог сока
- ½ кашичице рендане лимунове коре
- 1 кашика млевеног свежег ђумбира
- 1 кашичица млевеног белог лука
- 2 кашике млевеног лука
- ¼ кашичице пахуљица црвене паприке
- ¼ шоље маслиновог уља
- ½ паковања Вонтон омотача
- Биљно уље за дубоко пржење
- ¼ шоље морске алге
- ½ шоље листова радичија величине залогаја
- ½ шоље нарезане ендивије
- ½ шоље листова беби спанаћа
- 2 кашике жуте паприке
- 2 кашике млевене црвене паприке
- ротквице клице
- Кисели ђумбир
- Златни кавијар
- Светло семе сусама
- Тамно семе сусама

УПУТСТВА

a) У чинији помешајте првих 5 састојака .

b) Ставите одреске туњевине у тепсију и прелијте смесом, премазајући туњевину са свих страна. Маринирајте рибу 15 минута.

c) Затим маринирану туњевину пребаците на загрејан роштиљ и пеците 1-2 минута са сваке стране. У чинији умутите све састојке за сос.

d) Загрејте уље за пржење на 350 степени. Умоте вонтона исеците на тракице жутила и пропржите их до златне боје.

e) Оцедите их на папирним убрусима. У чинији помешајте алге, листове радића, нарезану ендивију, листове беби спанаћа, жуту паприку и црвену паприку.

f) Распоредите морске алге и зеленило у средину 2 тањира за сервирање и прелијте их прженим вонтон тракама. Прелијте са мало соса, прелијте туњевином и прелијте још соса.

g) Украсите малом гомилом клица ротквице, киселим ђумбиром, тобиком, светлим сусамом, тамним сусамом и златним кавијаром.

76. Вонтони од печеног поврђа и морских плодова

Принос: 6 порција

Састојак
- 1 мешавина за супу од поврћа
- 15 унци црног бибера
- 40 вонтон омотача
- рикота сира
- $\frac{1}{2}$ фунте имитације меса ракова, сецканог
- $\frac{1}{4}$ кашичице белог лука у праху
- $\frac{1}{8}$ кашичице
- 1 кашика биљног или маслиновог уља

a) Загрејте рерну на 350 ~ Ф.

b) У средњој посуди помешајте мешавину за супу, сир, ракове, бели лук у праху и бибер Ставите 1 кашику мешавине на средину сваког Вонтона. Ивице четкајте водом; савити сваки угао у центар и притиснути да запечати.

c) Распоредите шавом надоле на лагано подмазан плех за колаче; намазати вонтоне уљем. Пеците 25 минута или док не постану хрскаве и златно смеђе, окрећући једном.

77. Вонтони од поврћа и морских плодова

Принос: 6 порција

Састојак

- 1 мешавина за супу од поврћа
- 15 унци рикота сира
- $\frac{1}{2}$ фунте имитације меса ракова, сецканог
- $\frac{1}{4}$ кашичице белог лука у праху
- $\frac{1}{8}$ кашичице црног бибера
- 40 вонтон омотача
- 1 кашика биљног или маслиновог уља

У средњој посуди помешајте мешавину за супу, сир, ракове, бели лук у праху и бибер Ставите 1 кашику мешавине на средину сваког Вонтона. Ивице четкајте водом; савити сваки угао у центар и притиснути да запечати.

Распоредите шавом надоле на лагано подмазан плех за колаче; намазати вонтоне уљем. Пеците 25 минута или док не постану хрскаве и златно смеђе, окрећући једном.

78. Вонтони од патке и ђумбира

Прави: 1 порција

САСТОЈЦИ

- 1 паковање Вонтон омотача
- 1 пачја прса; скинута кожа, уклоњене тетиве
- 2 кашике конзервираног ђумбира
- 1 кашика соја соса
- 2 кашике коријандера; исецкани
- Сунцокретово уље за дубоко пржење
- 1 чили; ситно насецкан
- 2 чена белог лука; ситно насецкан
- 2 кашике шећера
- 2 кашике пиринчаног сирћета

a) Помешајте патку са ђумбиром, сојом и коријандером и ставите кашичице на два омота, по три, навлажите и затворите.

b) Формирајте троуглове или кесе за новац и пржите у дубоком уљу до златне боје.

c) Осушите на кухињском папиру и послужите са сосом за потапање.

d) Да бисте направили сос, прокувајте све састојке док не згуснете.

79. Го Геес са Гроунд Туркеи

- 1½ шоље млевене ћуретине
- 1½ кашике соса од острига
- 2 кашичице соја соса
- 1 кашичица сусамовог уља
- 1½ зеленог лука, млевеног
- 1 кашика млевеног ђумбира
- 1 паковање округлих вонтон (ђоза) омотача
- 4-6 шољица уља за дубоко пржење

Комбинујте млевену ћуретину, сос од острига, соја сос, сусамово уље, зелени лук и ђумбир.

Додајте уље у претходно загрејан вок и загрејте на 375 ° Ф. Умотајте гов геес док чекате да се уље загреје. У средину омотача ставите 1 кашичицу фила. Навлажите ивице омота, преклопите преко фила и запечатите, савијајући ивице. Наставите са остатком вонтона. Покријте готове вонтоне парним пешкиром да спречите сушење.

Пажљиво гурните гоу геес у вок, неколико по неколико. Пржите у дубоком уљу док не порумене (око 2 минута). Извадите шупљикавом кашиком и оцедите на папирним убрусима.

80. <u>Налепнице за лонце са пиринчаним вином</u> Коњац

- 1½ шоље млевене свињетине
- 3 кашичице кинеског пиринчаног вина или сувог шерија
- 3 кашичице соја соса
- 1½ кашичице сусамовог уља
- 1½ кашике сецканог лука
- 1 паковање округлих вонтон (ђоза) омотача
- ½ шоље воде за налепнице за кључање
- Уље за пржење по потреби

Помешајте млевено свињско месо, коњац пиринчано вино, соја сос, сусамово уље и сецкани црни лук.

Да направите налепнице за лонце: ставите 1 кашичицу фила у средину омотача. Навлажите ивице омота, преклопите преко фила и запечатите, савијајући ивице. Наставите са остатком налепница. Покријте готове налепнице парним пешкиром да спречите сушење.

Додајте 2 кашике уља у претходно загрејани вок или тигањ (1 супена кашика ако користите нелепљив тигањ). Када је уље вруће, додајте неколико налепница, глатком страном надоле. Не пржите, већ оставите да кува око 1 минут.

Додајте ½ шоље воде. Не окрећите налепнице. Кувајте поклопљено док се већина течности не упије. Откријте и кувајте док течност не испари. Отпустите налепнице за лонце лопатицом и послужите са загорелом страном нагоре. Послужите са потстицкер сосом

81. Традиционални Гов Геес

- $\frac{1}{4}$ фунте (4 унце) шкампа
- 3 средње сушене печурке
- 1 шоља млевене свињетине
- 1 лист напа купуса, исецкан
- $1\frac{1}{2}$ зеленог лука, танко исеченог
- $\frac{1}{4}$ кашичице млевеног ђумбира
- 2 кашичице кинеског пиринчаног вина или сувог шерија
- 2 кашичице соја соса
- 1 кашичица сусамовог уља
- 1 паковање округлих вонтон (ђоза) омотача
- 4-6 шољица уља за дубоко пржење

Оперите, исперите и ситно исецкајте шкампе. Суве печурке потопите у врелу воду најмање 20 минута да омекшају. Оцедите, уклоните петељке и ситно исеците.

Помешајте млевену свињетину, шкампе, купус, зелени лук, сушене печурке, ђумбир, вино од пиринча Коњац, соја сос и сусамово уље.

Додајте уље у претходно загрејан вок и загрејте на 375 ° Ф. Умотајте гов геес док чекате да се уље загреје. У средину омотача ставите 1 кашичицу фила. Поквасите ивице омота, преклопите преко фила и запечатите, савијајући ивице. Наставите са остатком вонтона. Покријте готове вонтоне парним пешкиром да спречите сушење.

Пажљиво гурните гоу геес у вок, неколико по неколико. Пржите у дубоком уљу док не порумене (око 2 минута). Извадите шупљикавом кашиком и оцедите на папирним убрусима.

82. Сиу Маи кнедле

- $\frac{1}{4}$ фунте (4 унце) свежих шкампа
- 3 средње сушене печурке
- 1 шоља млевене свињетине
- $1\frac{1}{2}$ зеленог лука, танко исеченог
- $\frac{1}{2}$ шоље конзервираних изданака бамбуса, исецканих
- 2 кашичице соса од острига
- 2 кашичице соја соса
-
- 1 кашичица сусамовог уља
- 1 пакет Сиу Маи или вонтон омотача
- Уље за премазивање топлотно отпорне плоче

Оперите и испасирајте шкампе и ситно исецкајте. Суве печурке потопите у врелу воду најмање 20 минута да омекшају. Оцедите, уклоните петељке и ситно исеците.

Комбинујте млевену свињетину, шкампе, зелени лук, сушене печурке, изданке бамбуса, сос од острига, соја сос и сусамово уље.

Да умотате Сиу Маи: Ставите 2 кашичице фила у средину омотача. **Немојте** преклапати омот преко фила. Скупите ивице омота и нежно наборајте стране тако да формира облик корпе, са отвореним врхом. Лагано премажите топлотно отпорну плочу уљем. Ставите кнедле на тањир. Ставите тањир на пару од бамбуса у вок постављен за кување на пари. Кухајте кнедле на пари 5-10 минута или док не буду куване.

83. Говеђе кнедле на пари

- 8 oz. Немасна млевена говедина
- 1 1/2 кашике соја соса
- 1 кашика сецканог коријандера 1 кашичица млевеног корена ђумбира 1 кашичица кукурузног скроба
- 1/2 кашичице уља од кикирикија
- 20 Округли вонтон омотачи Вода
- Лепеза од младог лука за украс Цвет ротквице за украс

У малој чинији помешајте говедину, соја сос, цилантро, корен ђумбира, кукурузни скроб и уље. Ставите 10 вонтон омота на радну површину. Ставите 2 кашичице фила у средину сваког вонтон омотача. Навлажите сваки вонтон омот. Навлажите целу ивицу водом. Подигните обе стране омотача и спојите их изнад надева, скупљајући ивице и наборане омоте; уштипнути за заптивање. Наставите са преосталим омотима и пуњењем.

У сваки од два велика тигања, доведите до кључања 2 шоље воде. Смањите топлоту на средњу; додати кнедле и не дозволити да се додирују.

Лагано покријте и кувајте на пари док кнедле не постану чврсте, а омоти мекани, 15 минута.

Послужите одмах.

Тањир за сервирање украсите лепезама од младог лука и цветом ротквице

84. Мешани равиоли од цвећа и сира

Прави: 1 порција

САСТОЈЦИ

- 12 вонтон скинова
- 1 размућено јаје да запечатите равиоле
- 1 шоља мешаних цветних латица
- ⅓ шоље Рицотта сира
- ⅓ шоље Масцарпоне сира
- 4 кашике сецканог босиљка
- 1 кашика сецканог власца
- 1 кашичица сецканог цилантра
- ⅓ шоље меког пшеничног хлеба, измрвљених
- 1½ кашичице соли
- ½ кашичице пасте од црвеног чилија
- 12 Целе маћухице

УПУТСТВА

a) Помешајте све састојке, осим целих маћухица. За припрему, положите вонтон кожу равно на површину.

b) Ставите 1 ½ кашичице фила на средину вонтон коже, на врх ставите 1 целу маћухицу.

c) Навлажите ивице умућеним јајетом и прекријте другом кожом од вонтона.

d) Кувајте у води или повртном темељцу око 1½ минута.

e) Послужите у чинији са бујоном од парадајза и босиљка.

85. Хрскави рак и крем сир Вонтонс

Сервирања: 6 до 8

24 вонтон омота, одмрзнути ако су замрзнути
Спреј за кување
Пуњење:
5 унци (142 г) грудвастог ракова, оцеђеног и
осушеног
4 унце (113 г) крем сира, на собној температури
2 главице лука, исечене на кришке
1½ кашичице прженог сусамовог уља
1 кашичица Ворцестерсхире соса
Кошер со и млевени црни бибер, по укусу

Попрскајте корпу за фритезу спрејом за кување.
У чинију средње величине ставите све састојке за
фил и мешајте док се добро не измешају.
Припремите малу чинију воде поред.
На чисту радну површину положите вонтон омоте. У
средину сваког омота закачите по 1 кашичицу фила.
Навлажите ивице додиром воде. Пресавијте сваки
вонтон омотач дијагонално на пола преко фила да
бисте формирали троугао.
Ређајте вонтоне у тепсију. Попрскајте вонтоне
спрејом за кување.
Ставите корпу за фритезу на тепсију и гурните је у
положај сталке 2, изаберите Аир Фри, подесите
температуру на 350°Ф (180°Ц) и подесите време на 10
минута.
Окрените вонтоне на пола времена кувања.
Када се кување заврши, вонтони ће бити хрскави и
златно браон боје.

Послужите одмах.

86. Порк Момос

Сервира: 4

2 кашике маслиновог уља
1 фунта (454 г) млевене свињетине
1 исецкана шаргарепа
1 лук, сецкани
1 кашичица соја соса
16 вонтон омотача
Сол и млевени црни бибер, по укусу
Спреј за кување

Загрејте маслиново уље у нелепљивом тигању на средњој ватри док не заблиста.
Додајте млевену свињетину, шаргарепу, лук, соја сос, со и млевени црни бибер и динстајте 10 минута или док свињетина не порумени и шаргарепа омекша.
На чистој радној површини одвијте омоте, па на омоте поделите кувану свињетину и поврће. Савијте ивице око фила да формирате момос. Урежите врх да запечатите моме.
Распоредите момо у корпу за фритезу и попрскајте спрејом за кување.
Ставите корпу за фритезу на тепсију и гурните је у положај сталка 2, изаберите Аир Фри, подесите температуру на 320°Ф (160°Ц) и подесите време на 10 минута.
Када је кување завршено, омоти ће бити благо порумени.
Послужите одмах.

87. Аир Фриед Цреам Цхеесе Вонтонс

Сервира: 4

2 унце (57 г) крем сира, омекшаног
1 кашика шећера
16 квадратних вонтон омота
Спреј за кување

Попрскајте корпу за фритезу спрејом за кување.
У посуди за мешање помешајте крем сир и шећер док
се добро не измешају. Припремите малу чинију воде
поред.
На чисту радну површину положите вонтон омоте.
Ставите ¼ кашичице крем сира у средину сваког
вонтон омота. Утапкајте воду преко ивица омотача.
Пресавијте сваки вонтон омотач дијагонално на пола
преко фила да бисте формирали троугао.
Ређајте вонтоне у тепсију. Попрскајте вонтоне
спрејом за кување.
Ставите корпу за фритезу на тепсију и гурните је у
положај сталке 2, изаберите Аир Фри, подесите
температуру на 350°Ф (180°Ц) и подесите време на 6
минута.
Окрените вонтоне на пола времена кувања.
Када се кување заврши, вонтони ће бити златно браон
и хрскави.
Подијелите вонтоне на четири плоче. Пустите да
одстоји 5 минута пре сервирања.

88. Гјоза од купуса и свињетине

Послуживања: 48 гјоза

1 фунта (454 г) млевене свињетине
1 главица напа купуса (око 454 г), нарезана на танко и млевено
½ шоље млевеног младог лука
1 кашичица млевеног свежег власца
1 кашичица соја соса
1 кашичица млевеног свежег ђумбира
1 кашика млевеног белог лука
1 кашичица гранулираног шећера
2 кашичице кошер соли
48 до 50 вонтона или омоти за кнедле
Спреј за кување

Попрскајте корпу за фритезу спрејом за кување. Оставите на страну.
Направите фил: све састојке, осим омота, сједините у великој чинији. Промешајте да се добро промеша.
Одвијте омот на чистој радној површини, па ивице натапкајте са мало воде. У центар извуците 2 кашичице мешавине за пуњење.
Направите гјозу: преклопите омотач преко фила и притисните ивице да се запечате. Наборите ивице по жељи. Поновите са преосталим омотима и филовима.
Поређајте гиозе у тепсију и попрскајте спрејом за кување.
Ставите корпу за ваздушну фритезу на тепсију и гурните је у положај сталке 2, изаберите Аир Фри,

подесите температуру на 360°Ф (182°Ц) и подесите време на 10 минута.

Окрените гјозу на пола времена кувања.

Када се кувају, гјозе ће бити златно браон боје.

Послужите одмах.

89. Вонтони од печеног поврћа и морских плодова

Принос: 6 порција

Састојак
- 1 мешавина за супу од поврћа 15 унци
- црни бибер 40 вонтон омота 1
- рикота сира
- $\frac{1}{2}$ фунте имитације меса ракова, сецканог $\frac{1}{4}$ кашичице белог лука у праху $\frac{1}{8}$ кашичице

- Кашика биљног или маслиновог уља Загрејте рерну на 350 ~ Ф.

У средњој посуди помешајте мешавину за супу, сир, ракове, бели лук у праху и бибер Ставите 1 кашику мешавине на средину сваког Вонтона. Ивице четкајте водом; савити сваки угао у центар и притиснути да запечати.

Распоредите шавом надоле на лагано подмазан плех за колаче; намазати вонтоне уљем. Пеците 25 минута или док не постану хрскаве и златно смеђе, окрећући једном.

90. Млевено свињско вонтоне

САСТОЈЦИ

- Комад ђумбира од 2 унце, ољуштен
- 1/4 шоље воде
- 16 унци млевеног свињског меса, идеално са око 30% масти
- 1 јаје, умућено
- 1 кашика сусамовог уља
- 1 кашичица пиринчаног вина или сувог шерија
- 3/4 кашичице соли
- 1/4 кашичице белог бибера
- 3 кашике пилећег или свињског темељца
- 100 вонтон омота купљених у продавници

УПУТСТВА:

1. Добро згњечите комад ђумбира да ослободи укус и оставите да се натопи у 1/4 шоље воде.

2. Помешајте млевено свињско месо са водом од ђумбира, умућеним јајетом, сусамовим уљем, пиринчаним вином, сољу и белим бибером. Додајте пилећи или свињски темељац, пола кашичице одједном да додате влагу у мешавину.

3. Са вонтон омотом на једној руци, напуните око 1/2 кашике фила. Приложите преклапањем омотача у троугао. Запечатите нежним притиском на две стране.

4. Узмите два краја троугла и савијте их док се врхови не споје и мало преклапају. Притисните да повежете крајеве.

5. Припремите велику посуду са кључалом водом.

6. Лагано ставите кнедле, неколико по неколико, у воду, без гужве, и кувајте док се фил не скува (око три минута).

7. Оцедите и ставите на зачин. Лагано промешати.

8. По жељи украсите сецканим зеленим луком или цилантром, или ситно сецканим сировим белим луком или ђумбиром.

ДЕСЕРТ

91. Нутелла Вонтонс

Прави: 4-6 порција

САСТОЈЦИ

- Нутела, по потреби
- 2 велике зреле банане, ољуштене и исечене на кришке дебљине $\frac{1}{2}$ инча
- кокосове пахуљице, по потреби
- 24 вонтон омотача
- 1 кашика светло браон шећера
- $\frac{1}{4}$ кашичице млевеног цимета
- 1 прстохват млевеног мушкатног орашчића
- 1 прстохват млевеног кардамома
- Уље, за пржење

УПУТСТВА

a) У чинији помешајте смеђи шећер и зачине.

b) Додајте кришке банане и равномерно их премажите смесом смеђег шећера.

c) Ставите малу количину Нутеле, а затим кришку банане и пар комада кокосових пахуљица у средину сваког омота за вотон.

d) Влажним прстима премажите ивице омота и преклопите их преко фила у облику троугла.

e) Прстима притисните ивице да их потпуно затворите.

f) У великом тигању загрејте уље на 350 степени Ф.

g) Додајте вонтоне у серијама и кувајте док не порумене са обе стране.

h) Пребаците омоте на тањир обложен папирним убрусом да се оцеде.

i) Послужите све са посипањем шећера у праху.

92. <u>Нутелла Банана Вонтонс</u>

Марке: 6

САСТОЈЦИ

- 1 мала зрела банана, згњечена
- 1 кашика Нутеле
- 1 кашика џема од јагода
- 1 кашика сецканих ораха
- 13 вонтон омотача
- $\frac{1}{2}$ кашичице шећера
- непријањајући спреј за кување

УПУТСТВА

h) Подесите рерну на 350 степени Ф пре него што урадите било шта друго и обложите лим за печење папиром за печење.

i) У чинију додајте џем, Нутелу и банану и џем и мешајте док не постане глатко.

j) Ставите око 1 кашичицу мешавине у средину сваког вонтон омота, а затим орахе.

k) Влажним прстима навлажите ивице сваког омота, а затим преклопите фил у облику троугла.

l) Сада прстима притисните ивице да се потпуно запечате.

m) У дубљи тигањ додајте уље на средње јакој ватри и кувајте док се не загреје.

n) У дно припремљеног плеха поређајте вонтон омоте.

o) Сваки омотач попрскајте спрејом за кување и поспите шећером.

p) Пеците у рерни око 30 минута 11-15 минута.

q) Уживајте у топлом уз омиљени прелив.

93. Десерт Нутелла Вонтонс

Производи: 1

САСТОЈЦИ
- Нутела, по потреби
- 2 велике зреле банане, ољуштене и исечене на кришке дебљине $\frac{1}{2}$ инча
- кокосове пахуљице, по потреби
- Вонтон омоти од 6 унци, око 24
- 1 кашика светло браон шећера
- $\frac{1}{4}$ кашичице млевеног цимета
- прстохват млевеног мушкатног орашчића
- прстохват млевеног кардамома
- уље (за пржење)
- шећера у праху

УПУТСТВА
a) У чинији помешајте смеђи шећер и зачине.

b) Додајте кришке банане и равномерно их премажите смесом смеђег шећера.

c) Ставите малу количину Нутеле, а затим кришку банане и пар комада кокосових пахуљица у средину сваког омота за вотон.

d) Влажним прстима премажите ивице омота и преклопите их преко фила у облику троугла.

e) Прстима притисните ивице да их потпуно затворите.

f) У великом тигању загрејте уље на 350 степени Ф.

g) Додајте вонтоне у серијама и кувајте док не порумене са обе стране.

h) Пребаците омоте на тањир обложен папирним убрусом да се оцеде.

i) Послужите све са посипањем шећера у праху.

94. <u>Печене крушке у Вонтон чипсу и меду</u>

Време припреме: 20 минута
Време кувања: 45 минута
Порције: 4 особе

САСТОЈЦИ

- $\frac{1}{2}$ кашичице млевеног цимета, подељено
- 2 корејско-америчке крушке
- $\frac{1}{2}$ шоље плус 1 кашика меда, подељено
- 4 - 6×6 вонтон омоти
- $\frac{1}{4}$ шоље маскарпонеа
- 1 $\frac{1}{2}$ кашике растопљеног несланог путера

УПУТСТВА

a) Загрејте шпорет на 375⊕Ф и обложите плех папиром за печење.

b) Одрежите $\frac{1}{2}$ инча од основе и врха крушке.

c) Сада их огулите и исеците кроз средњу хоризонталу, извадите семенке

d) Ставите омоте на суву равну површину, додајте половину крушке у сваки омотач и поспите циметом, а затим попрскајте мало меда око 1 кашике.

231

e) Подигните углове и запечатите помоћу меда.

f) Ставите их у плех и пеците у рерни 45 минута, ако пециво превише обојено, само га прекријте са мало фолије.

g) Помешајте остатак меда, цимета и маскарпонеа у глатку мешавину.

h) Послужите пакете са маскарпонеом.

95. Цхоцолате Банана Вонтонс

САСТОЈЦИ

Вонтон врапперс
2 зреле банане
1/2 шоље чоколадних чипса
1 кашика кокосовог уља

УПУТСТВА

Загрејте рерну на 350°Ф (180°Ц).

Згњечите банане у посуди за мешање.

Ставите малу кашику згњечених банана и неколико чоколадних чипса на сваки вонтон омот.

Навлажите ивице вонтон омота водом, преклопите на пола и притисните да се запечате.

Ставите вонтоне на плех обложен папиром за печење.

Растопите кокосово уље и премажите га преко вонтона.

Пеците у рерни 10-12 минута, или док не порумени.

Послужите топло.

96. Аппле Циннамон Вонтонс

САСТОЈЦИ

Вонтон врапперс
2 јабуке, ољуштене и исечене на коцкице
1 кашичица цимета
2 кашике смеђег шећера
1 кашика путера

УПУТСТВА

Растопите путер у тигању на средњој ватри.

Додајте јабуке исечене на коцкице, цимет и смеђи шећер у тигањ и кувајте 5-7 минута, или док јабуке не омекшају.

Ставите малу кашику мешавине јабука на сваки омот од вонтона.

Навлажите ивице вонтон омота водом, преклопите на пола и притисните да се запечате.

Загрејте мало уља у тигању на средњој ватри.

Пеците вонтоне 2-3 минута са сваке стране, или док не порумене.

Послужите топло.

97. Стравберри Цреам Цхеесе Вонтонс

САСТОЈЦИ

Вонтон врапперс
4 оз крем сира, омекшаног
1/4 шоље шећера у праху
1/2 шоље сецканих јагода
1 кашичица екстракта ваниле
1 беланце, умућено
Биљно уље за пржење

УПУТСТВА

У посуди за мешање помешајте крем сир, шећер у праху, сецкане јагоде и екстракт ваниле.

Ставите малу кашику мешавине крем сира на сваки вонтон омот.

Навлажите ивице вонтон омота водом, преклопите на пола и притисните да се запечате.

Загрејте биљно уље у тигању на средње јакој ватри.

Сваки вонтон умочите у беланце, а затим га ставите у врело уље.

Пржите вонтоне 2-3 минута са сваке стране, или док не порумене.

Послужите топло.

98. Боровница Лемон Вонтонс

САСТОЈЦИ

Вонтон врапперс
1 шоља боровница
1/4 шоље гранулираног шећера
2 кашике кукурузног шкроба
Корица и сок од 1 лимуна
1 јаје, умућено
Биљно уље за пржење

УПУТСТВА

У посуди за мешање помешајте боровнице, гранулирани шећер, кукурузни скроб и лимунову корицу и сок.

Ставите малу кашичицу мешавине боровнице на сваки омот од вонтона.

Навлажите ивице вонтон омота водом, преклопите на пола и притисните да се запечате.

4. Сваки вонтон умочите у размућено јаје, а затим га ставите у врело уље.

Пржите вонтоне 2-3 минута са сваке стране, или док не порумене.

Послужите топло.

99. C'морес Вонтонс

САСТОЈЦИ

Вонтон врапперс
1/2 шоље мини марсхмалловс-а
1/4 шоље чоколадних чипса
1/4 шоље згњечених грахам крекера
1 јаје, умућено
Биљно уље за пржење

УПУТСТВА

Ставите малу кашику мини марсхмаллов-а, чоколадних чипса и згњечених грахам крекера на сваки вонтон омот.

Навлажите ивице вонтон омота водом, преклопите на пола и притисните да се запечате.

Сваки вонтон умочите у размућено јаје, а затим га ставите у врело уље.

Пржите вонтоне 2-3 минута са сваке стране, или док не порумене.

Послужите топло.

100. Крем сир од малине Вонтонс

САСТОЈЦИ

Вонтон врапперс
4 оз крем сира, омекшаног
1/4 шоље шећера у праху
1/2 шоље малине
1 кашичица екстракта ваниле
1 беланце, умућено
Биљно уље за пржење

УПУТСТВА

У посуди за мешање помешајте крем сир, шећер у праху, малине и екстракт ваниле.

Ставите малу кашику мешавине крем сира на сваки вонтон омот.

Навлажите ивице вонтон омота водом, преклопите на пола и притисните да се запечате.

Загрејте биљно уље у тигању на средње јакој ватри.

Сваки вонтон умочите у беланце, а затим га ставите у врело уље.

Пржите вонтоне 2-3 минута са сваке стране, или док не порумене.

Послужите топло.

ЗАКЉУЧАК

Надамо се да вас је овај Вонтон кувар инспирисао да истражите богате и разноврсне укусе кинеске кухиње. Без обзира да ли желите да поново направите омиљено јело или пробате нешто ново, Вонтонс су укусна и разноврсна опција која се може прилагодити сваком укусу. Од слане свињетине и шкампа до слатке чоколаде и банане, могућности су бескрајне.

Подстичемо вас да експериментишете са различитим пуњењима и методама кувања како бисте открили своје јединствене вотон креације. И изнад свега, надамо се да вам је ова кухарица донела радост и задовољство у кухињи. Срећно кување!

Milton Keynes UK
Ingram Content Group UK Ltd.
UKHW020122030823
426203UK00016B/656